JN036219

帰ってきたら
すぐに作れる、
食べられる

おかえり！
パスタ

鳥羽周作

CCCメディアハウス

はじめに

こんにちは、鳥羽周作です。
僕は料理人になる前は、サッカーの練習生や小学校の先生といった、今とはまったく別の生き方をしていました。
30歳を越えてから、料理の世界を志し、あるイタリアンレストランで**カルボナーラを食べてそのおいしさに衝撃**を受け、次の日にはその店で働かせてほしい、と門を叩きました。僕の料理人人生を変えるきっかけになったのが、他ならぬパスタなんです。

「パスタ」は、イタリア料理の要でもありますが、今や日本のレストランにも、家庭の食卓にも、深く根を下ろしたと言えるのではないでしょうか。
僕がこのパスタをテーマにレシピ本を作りたいと思った背景には、
・毎日でも食べられる**主食の一つ**であること。
・**誰でも、どこにでもある材料で簡単に作れる**料理であること。
そして、
・**プロの味を、ご家庭でもっとも真似しやすい**メニューであること。
という考えがあります。
僕は、「幸せの分母を増やす」というモットーを掲げています。
少しでも多くの人に、「料理で」幸せを届けたい。そうした意味では、パスタは、その想いを実現してくれる一つの心強い手段とも言えるのかもしれません。

時間がなく、食材を買い揃える余裕もない時、日常の料理のバリエーションを増やしたい時、あるいは、「ここぞ!」というご馳走を作りたい時。あらゆるシーンに対応してくれるのがパスタです。
本書では、そうした一見バラバラにも見える3つのニーズを満たすパスタのレシピをたっぷりとご紹介しています。いずれも、それぞれのシーンにおける、最適解を目指したレシピばかりです。
皆さんの食卓が、この本で、このレシピで、少しでも楽しく、おいしく、楽なものになってくれたら。そんな想いを込めて作りました。

余談ですが、ご紹介しているレシピはすべて、僕がかなりの量を試食していますので(笑)、誰がどの料理を作ってもおいしく作れることは、保証します。

鳥羽周作

CONTENTS
目次

Lesson 1
ワンパンパスタ

Lesson 2
定番パスタ

Lesson 3
レストランパスタ

パスタを作る上で大事なこと

ショートパスタとロングパスタ どう使い分ける?

僕の中で、ロングパスタとショートパスタは明確に位置づけが違います。**ロングパスタは「ソースとの対話」**。ショートパスタは「**具材との対話**」。どういうことかというと、ロングパスタは大抵、フォークで巻きつけて口に入れるものです。この時、あまりに大きい具材があると、一緒に口に入れて味わうのが難しくなります。要は一体感が出にくいのです。このため、おのずと麺とソースだけで成立するように仕立てる必要性が出てきます。だから僕の作る**ロングパスタのメニューは、比較的具材を細かくきざむものが多い**です。これは具材すらもソースの一部に、という考えがあるためです。逆に、ショートパスタはフォークやスプーンでひとつ、ふたつ刺したり、すくったりして食べるもの。この時パスタと同じくらいの大きさの具材があれば、一緒に味わえますし、一体感や相乗効果も出しやすいでしょう。もちろん例外はありますし、正解はありませんが、「どうやって食べるか」というゴールを考えるだけで、具材の切り方も、仕立ても変わってくるはずです。

ワンパンは どんな時に向く調理法?

「ワンパン＝一つのフライパンで作る」料理。パスタは通常、鍋で麺をゆで、同時に別のフライパンや鍋でソースを加熱したり、具材を炒めたりして最後に合わせます。「具材を炒めてからソースに仕上げ、麺をゆでて合わせる」という一連の工程を一つのフライパンで完結させるのがワンパンパスタ。ご自宅のガスコンロが一口しかない方や、洗い物の量を最小限に抑えたい方、時間も労力も惜しいという方にはうってつけの調理法です。麺を別の鍋でゆでた際のアルデンテな食感はどうしても出しにくくなりますが、**ソースと麺に一体感が生まれやすく、また麺自体に味を含ませやすい**というメリットがあります。

テフロンダイスと ブロンズダイスって?

乾麺の製造工程において、「テフロン加工された機械」を使うか、「ブロンズ加工された機械」を使うか、という違いがあります。「**テフロンダイスタイプ**」と「**ブロンズダイスタイプ**」と呼び分けがなされています。前者は**パスタの表面がつるつるとなめらか**で「バリラ」などのブランドが代表格。後者は**表面がザラザラ**としていて、「ディ・チェコ」などが代表的。オイル系など、あまり重い仕上がりにしたくない時はテフロンダイスタイプを、ソースをよくからめて食べてほしい時はブロンズダイスタイプを選ぶと相性がよいはずです。まずは一度、食べ比べて違いを実感してみてください。

ワンパンパスタのポイントは

ワンパンパスタを作る際には、「**麺の細さ**」「**ベースの味**」「**フライパン内の水分量**」に着目してみてください。本書では、1.4mmと細めのパスタを使っています。これは、少ない水分量で、かつ短時間で麺をゆで上げるため。また、短時間で味を決めるためには、コンソメやめんつゆなどの味のベースとなる調味料が欠かせません。とりあえず、クリーム系やトマト系にはコンソメを、和風パスタにはめんつゆを使う、と覚えておけばよいでしょう。そして一番重要なのが、水分量です。基本的にはパスタ100gに対して水350gというレシピにしていますが、同じ時間火にかけていても、ちょっとした火力の違いによってゆで上がりに微差が生じます。ゆで上がるまでの残り時間を見ながら、**時には水を足したり、水分が多ければ火力を強めたり**することで調整していきたいところ。1〜2回チャレンジしてみれば、必ず勘所が掴めます。

使う材料について

レシピの中で、「パルミジャーノ」や「生クリーム」などの材料が頻出します。でも、どこのご家庭の冷蔵庫にも必ずある、と言えるものではないですよね。**パルミジャーノは、森永乳業㈱の「クラフト100%パルメザンチーズ80g」のような粉チーズ**でも代用可能。**生クリームは牛乳に置き換えても**大丈夫です。とはいえ、やっぱり削りたてのパルミジャーノならではの香りやコク、生クリームを使うからこその濃度、というよさがあるのも事実です。だけど、**料理は「こうじゃなきゃいけない」なんてない。**「今日は疲れているし家にある材料で適当に」という日もあっていいし、「今日はちょっと気合いを入れて、本格的にチャレンジしてみよう」という日も当然あっていい。作る人が楽しめれば、何を使ったっておいしくなるはずです。

乳化って必要なの?

パスタのレシピを見ていると、「乳化」という言葉をよく見かけると思います。これはパスタのゆで汁の水分と、**オリーブオイルの油分を撹拌することで、ソースにとろみを出すこと。**本来は混ざり合わない両者を撹拌によって一体化させることで、ソースが麺にからみやすくなったり、口当たりがなめらかになったりします。ご紹介するレシピの中で、仕上げのタイミングでチーズやバター、E.V.オリーブオイルを加え、フライパンをあおるという工程が多々出てきますが、これは乳化のための作業だとお考えください。特にオイルベースのパスタなどは乳化しにくく、一体感が出にくいというお悩みをよく聞きますが、ここで本来は加えることの少ない、チーズやバターをあえて加えることで乳化させやすくなる、という裏技もあります。

オリーブオイルの使い分け

パスタを作る上で、パスタそのものの次に大事と言ってもいいのがオリーブオイル。レシピの中には、**「ピュアオリーブオイル」**と**「エクストラバージン(E.V.)オリーブオイル」**の2種類が出てきます。最初にニンニクや具材を炒める時に使うのがピュアオリーブオイル、仕上げにかけるのがE.V.オリーブオイル、という使い分けをしています。エクストラバージンと名のつくものは、オリーブの実を搾っただけのオイル。それだけに、オリーブの香りがダイレクトに伝わります。これに対し、ピュアオリーブオイルは搾ったオイルをさらに精製したもので、香りや味わいの特徴が強くないものが多いのです。仕上げに**香りや濃度を足したい時はE.V.オリーブオイルを、それ以外はピュアオリーブオイルを、**と使い分けができるのが理想的ですが、買い揃えるのが億劫であれば、まずはピュアオリーブオイルを使いこなすところからはじめましょう。

塩分について

僕の作るパスタのレシピでは、単に調味のためだけの塩をふる、という工程は少ないと思います。塩で味を決めると、塩の味が前面に出てきてしまうため、これを避ける意味合いもあるのですが、パスタをゆでる際、**ゆで汁の塩分濃度を1%になるように**しており、麺そのものに塩味をつけていることが一つの理由です。また、材料としてバターが頻出しますが、**すべて無塩バターを使っています。**このため、有塩バターをお使いの際は、前後で加える塩やめんつゆ、コンソメなどの塩分のある材料の量を減らすといった調整をしていただければ、よりおいしく作ることができると思います。

＼ おいしいパスタを作る ／

道具と材料

この本で使う、道具と材料の一部を紹介します。掲載アイテムや食材、調味料を使うことで、プロの味にグッと近づけることができるはずです。

テフロン加工フライパン

表面にテフロン加工が施されたフライパン。今回使うのは深さのある、直径27cmのもの。ソースを作る際にはもちろんのこと、フライパン一つ＝ワンパンでパスタを作る際にちょうどいいサイズです。

アルミパン

アルミニウム製のフライパンは軽量のため、パスタや具材を入れてあおる際などに非常に便利。また、熱伝導がよいため、具材を短時間で加熱したい時などにはもってこいのアイテムです。

パスタ箸

㈱ヤマチク

僕がパスタを調理する際は、一般的な菜箸の1.5倍ほどの太さがある、パスタ箸を使っています。箸先でフライパンや鍋を傷つけることがなく、また細い麺を掴みやすいなどのメリットがあります。

ゴムベラ

㈱タイガークラウン

ヘラは、木製よりゴム製のほうがしなるため、液体や具材を余すことなく取り切れて便利です。柄から先が取りはずし可能なタイプもありますが、調理中にはずれることもあるため、一体型がオススメ。

トング

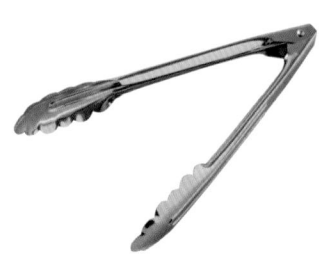

ゆで上がったパスタをフライパンに移す際や、器に盛りつける際などに役に立つのがトング。箸とは異なり、細々した具材も掴みやすいため、パスタ箸と両方を揃えておくのがよいでしょう。

ディスペンサー

ソースなどを入れておく保存容器「ディスペンサー」。一度に出す量をコントロールしやすいため、僕はE.V.オリーブオイルやハチミツ、濃度調整のための水など、少量ずつ使いたい液体類を入れています。

パスタ皿

ニッコー㈱「REMASTERED」シリーズ DEEP PLATE 26㎝

ニッコーファインボーンチャイナのコレクション「REMASTERED」シリーズの器をパスタ皿として愛用しています。プレーンなデザインと、ほどよく深さのある形がどんなパスタにも合うんです。

パスタ皿

オリジナルパスタ皿

韓国の窯元にオーダーメイドで作ってもらった深めのパスタ皿です。リムの幅を広く取ったことで、中心の料理に目が行きやすい設計に。高級感を出したい時などはリムが広いものを選ぶとよいですね。

ロングパスタ（スパゲッティーニ 1.7㎜）

ユナイテッド・スーパーマーケット・ホールディングス㈱「eatime」シリーズ

パスタはスーパーマーケットチェーンのプライベートブランド「eatime」シリーズを愛用しています。ブロンズダイス（4頁参照）タイプで、小麦の味がしっかり感じられる点がお気に入り。

ロングパスタ（フェデリーニ 1.4㎜）

ユナイテッド・スーパーマーケット・ホールディングス㈱「eatime」シリーズ

スパゲッティよりも細い、1.4㎜のロングパスタ「フェデリーニ」は、冷製パスタやワンパンパスタを作る際に使います。少ない水で、短時間でゆで上げる必要があるため、細めの麺を選ぶわけです。

ロングパスタ（リングイネ）

ユナイテッド・スーパーマーケット・ホールディングス㈱「eatime」シリーズ

断面が楕円形をしている、スパゲッティよりもやや太めのロングパスタ「リングイネ」。麺が比較的平たく、ソースがよくからむため、ソースに濃度があるものなどとは相性がよいです。

ロングパスタ（スパゲッティ No.5 1.8mm）

バリラジャパン㈱

スパゲッティは、基本的には「eatime」シリーズを使うことが多いです。ただ、濃度があるソースと合わせる時などは、重くなりすぎないよう、テフロンダイス（4頁参照）タイプのものをチョイスします。

ショートパスタ（No.41ペンネ リガーテ）

㈱日清製粉ウェルナ（ディ・チェコ）

筒状のショートパスタ「ペンネ」。表面に細かい溝がある「ペンネ・リガーテ」は、ソースや具材がからみやすいため、ボロネーゼソースやクリームソースなど、濃度のあるソースと相性がよいです。

ショートパスタ（No.50コンキリエ リガーテ）

㈱日清製粉ウェルナ（ディ・チェコ）

イタリア語で「貝殻」を意味する「コンキリエ」。形も貝殻状になっていて、パスタ（貝）の中に小さい具材やソースが入り込むので、その点も計算してソースの仕立てを考えるとよいでしょう。

ショートパスタ（No.93ファルファーレ）

㈱日清製粉ウェルナ（ディ・チェコ）

イタリア語で「蝶々」を意味する「ファルファッレ」。トマトソースやクリームソースなど、ソースをたっぷりと味わう仕立ての時に使います。可愛らしい見た目を生かした仕立てを心がけたいところ。

トマト缶（ポモドーリ ペラーティ ホールトマト）

㈱フードライナー（カンポグランデ）

凝縮感のある濃厚な味が特徴のカンポグランデのホールトマト缶。2500gと大容量で、ご家庭で購入するには抵抗があるかもしれませんが、大量にトマトソースを仕込んでおけば、何かと便利です。

ジェノベーゼソース（予約でいっぱいの店のジェノベーゼ）

エスビー食品㈱

イタリアンレストラン「ラ・ベットラ・ダ・オチアイ」の落合シェフ監修のソース。そのままパスタと和えてもおいしいですが、その濃厚な風味を生かして何かに「ちょい足し」するのもおすすめです。

ドライトマト（小さくカットした乾燥トマト）

地中海フーズ㈱

ドライトマトは、オイルベースのパスタを作る際などに少量加えるだけで、凝縮感のある旨みや甘みを足すことができる便利な食材。この商品は、1㎝弱のサイズにカットされていて使いやすいです。

トリュフオイル（白トリュフオイル 250ml）

登馬商事㈱（ウルバーニ）

料理に数滴たらすだけで、白トリュフの高級感のある香りが広がり、ふくよかな余韻が生まれます。カルボナーラやクリームソースパスタなどと相性抜群です。黒トリュフよりもやや軽やかな香りが特徴。

コンソメ（「味の素KKコンソメ」顆粒50g袋）

味の素㈱「味の素KKコンソメ」シリーズ

言わずと知れた、味の素のコンソメ。主にワンパンパスタを作る際に、大活躍します。特にトマトソースやクリームソースなど、洋風の味に仕上げたい時に、ソースのベースとして使います。

めんつゆ（ヤマサ昆布つゆ 500ml）

ヤマサ醤油㈱

3倍濃縮タイプです。主に和風仕立てのワンパンパスタに使いますが、チーズやバターとも相性抜群。めんつゆは甘みが強いもの、カツオだし主体のものなど種類が豊富なので、色々と試してみてください。

だし醤油（牡蠣だし醤油 400ml）

ヒガシマル醤油㈱

牡蠣エキスが入った特製の醤油。僕が愛用するこの「牡蠣だし醤油」は、塩味に角がなく、旨みと甘みがあって「やさしいめんつゆ」のような印象。パスタのベースにも使いやすいアイテムです。

魚醤（鮎魚醤 100ml）

㈴まるはら

魚と塩を発酵させて作る調味料・魚醤。ナンプラーのイメージから、独特なにおいがあると思われがちですが、この商品はほとんどにおいがなく、料理にコクを出したい時などに使いやすいです。

塩昆布（ふじっ子 塩こんぶ 小袋 28g）

フジッコ㈱

ご飯のお供・塩昆布ですが、実はパスタとも好相性。和風パスタやオイルパスタに塩や醤油の代わりに使えば、やさしい塩味と旨みがプラスされます。塩味が際立ちすぎないのが使いやすいポイント。

昆布茶（こんぶ茶スタンド袋 顆粒 50g）

玉露園食品工業㈱

お茶として飲むだけではなく、実はその旨みを生かして調味料として幅広い料理に活用できる昆布茶。昆布だしの要領で和食に使えるのはもちろん、パスタの隠し味として使っているお店もあるんです。

ソフトふりかけ（しそわかめ 80g）

㈱井上商店

ご飯のお供、井上商店のソフトふりかけ「しそわかめ」。輪郭のしっかりとした塩味と梅の風味が感じられます。パスタに混ぜ込めばシソの葉を思わせる香りが立ち、和風ジェノベーゼのような仕上がりに。

鍋の素（プチッと鍋 あさりとホタテの旨塩鍋 21g×6個）

エバラ食品工業㈱

魚介のエキスが詰まった鍋の素、プチッと鍋の「あさりとホタテの旨塩鍋」味。ワンパンで作るペスカトーレのベースとして使っていますが、魚介系のパスタなら、トマト以外の味でも相性抜群のはず。

タバスコ（TABASCO®オリジナル レッドペパーソース）

日本珈琲貿易㈱（マキルヘニー社）

辛味調味料の「タバスコ」は、一般的にトウガラシの刺激的な辛味のイメージが強いかと思いますが、実は旨みと酸味もあって、複雑な風味のアクセントになるんです。トマトソースパスタなどにぜひ。

粉チーズ（クラフト 100%パルメザンチーズ 80g）

森永乳業㈱

粉状のパルメザン（パルミジャーノ）チーズ。お店ではパルミジャーノの塊をすりおろして使っていますが、こちらの粉チーズで代用してもOK。仕上げにパスタにかければ、コクと香りが加わります。

フライパン一つ、
コンロ一つででき上がる

ワンパンパスタ

ベーコンポパイガリバタ醤油パスタ

オイルベース

材料（1人前）

パスタ（フェデリーニ1.4mm） 100g
ニンニク 1片
ほうれん草 50g
きのこ2種 50g
　└舞茸、しめじ
ベーコン 40g
ピュアオリーブオイル 15g
塩 少量
水 340g
和風だしの素（顆粒） 3g
バター（無塩） 3g

仕上げ
だし醤油 8g
バター（無塩） 15g
黒コショウ 適量

\ POINT /

ニンニクを炒めて香りを出しながら、同時にベーコンも加熱しておく。

\ POINT /

葉もの野菜がある時は、食感を損なわないよう一度取り出しましょう。

\ POINT /

1度目のバターは旨みの補強、2度目は香り出しとコク出しが目的。

作り方

1 ニンニクを細かいみじん切りにする。ほうれん草を食べやすい大きさに切る。きのこを手でさく。ベーコンを1cm幅の棒状にカットする。

2 フライパンをガスコンロの五徳の凹凸を利用して斜めに傾斜をつけて置く。奥を高く、手前を低くし、手前側にニンニクとピュアオリーブオイルを、奥側にベーコンを入れ、弱火でじっくりと加熱する。

3 ニンニクが軽く色づいてきたら、ベーコンと合わせて炒め、きのこ2種を加える。軽く塩をふり、炒める。きのこに油がまわったら、ほうれん草を加えて炒める。ほうれん草に火が通り、ベーコンに焼き色がついたら具材をバットなどに取り出す。

4 3のフライパンに水、和風だしの素、塩ひとつまみ、バターを入れひと煮立ちさせる。

5 沸騰したらパスタを入れる。常に沸騰している状態を保ちながら5分10秒間ゆでる。

6 パスタがゆで上がったら、3で取り出した具材を戻し入れ、仕上げにだし醤油、バターを加えて混ぜ合わせる。バターが溶けたら器に盛りつけ、上から黒コショウをかけて完成！

みんな大好き、
ガーリックとバター醤油の
間違いないやつ！

ベーコン、きのこ、ほうれん草とお家の常備具材でさっと作れる簡単パスタ。ベースの味は和
風だしの素と醤油ですが、醤油の尖った風味を丸く、やさしくしてあげるイメージで、バターを加
えて仕上げています。最後に溶き卵を加えてさっと加熱するのもおすすめです。

ペペロンチーズ

材料（1人前）

パスタ（フェデリーニ1.4mm）100g
ニンニク　3片
ピュアオリーブオイル　15g
水　350g
コンソメ（顆粒）　4g
タカノツメ（輪切り）　1.5つまみ
塩　ひとつまみ
イタリアンパセリ　適量
パルミジャーノ（削りおろし）　2g
E.V.オリーブオイル　10g

仕上げ
E.V.オリーブオイル　適量

\ POINT /

全体に均一に熱が行き渡るように、菜箸などで均しながら加熱する。

\ POINT /

濃いめに色づいたニンニクのみを取り出して、ニンニクチップに！

\ POINT /

これぐらいの水分量になったら火を止め、チーズとオイルをかける。

作り方

1　ニンニクをスライサーでごく薄いスライスにする。

2　フライパンに **1** のニンニクとピュアオリーブオイルを入れて強火にかけ、ぱちぱちと音がしてきたら弱火に落としてオイルにニンニクの香りを移していく。

3　ニンニクが色づいてきたら、濃いめに色づいているものをバットに取り出し、仕上げ用のニンニクチップとする。フライパンに水を注ぎ、コンソメ、タカノツメ、塩を入れてひと煮立ちさせる。

4　沸騰したらパスタを入れて、強火に近い中火で常に沸騰している状態を保ちながら5分10秒間ゆでる。

5　パスタをゆでている間にイタリアンパセリを軸ごと細かくきざむ。

6　パスタがゆで上がったら **5** のイタリアンパセリ半分を入れ、火を止める。パルミジャーノ、E.V.オリーブオイルを加え、フライパンをあおり、混ぜ合わせる。

7　器に盛りつけ、上から残ったイタリアンパセリ、**3** で取り置いたニンニクチップ、仕上げのE.V.オリーブオイルをまわしかけて完成！

乳化の心配要らず！
誰でもおいしくできちゃうレシピ

定番中の定番パスタ、「ペペロンチーノ」にチーズを加えることでコクをプラス。これによって乳
化させやすくなり、全体に一体感が生まれるという調理の上でのメリットも。軸まで入れた、イタ
リアンパセリのはじける香りと食感がアクセント。

ペペロンチーズの焼きとうもろこしワンパンパスタ

材料（1人前）

パスタ（フェデリーニ1.4mm）100g
「シャキッとコーン」 1缶
バター（無塩） 15g
塩 ひとつまみ
ニンニク 3片
ピュアオリーブオイル 15g
タカノツメ（輪切り） 1.5つまみ
水 350g
コンソメ（顆粒）4g
イタリアンパセリ 適量

仕上げ
E.V.オリーブオイル 15g
粉チーズ 20g
七味 適量
タバスコ 適量

作り方

1 「シャキッとコーン」の缶を開け、汁を切る。フライパンに、油を引かずにコーンを入れて炒める。香ばしい香りが立ってきたらバターを加え、軽く塩をふり、炒める。バターが溶けたらバットなどに取り出す。

2 フライパンを洗い、ニンニクのみじん切りとピュアオリーブオイルを入れて強火にかける。香りが出てきたらタカノツメを加える。

3 ニンニクが軽く色づいてきたら水を入れ、コンソメと塩を加える。沸騰したらパスタを入れ、常に沸騰している状態を保ちながら5分10秒間ゆでる。ゆでている間にイタリアンパセリを軸ごと細かくカットする。

4 パスタがゆで上がったら1で取り置いたコーンと、イタリアンパセリをフライパンに加え混ぜる。全体がよく合わさったら仕上げにE.V.オリーブオイルを加えてフライパンをあおる。火を止め、粉チーズを加え混ぜる。

5 器に盛りつけ、七味とタバスコをかけたら完成!

\ POINT /

タカノツメの辛味がアクセント。輪切りを使い、パンチを出しましょう。

コーンの甘みと旨み、
パンチの効いた辛味がクセになる！

たっぷりのコーンの甘みと旨みで食べ進める、やみつきパスタ。お好みで塩を醤油に置き換え
てもおいしく作れます。タカノツメと七味の辛味が全体を引き締めるアクセントに。タカノツメは
辛味を抑えたい時はホールを、強く出したい時は輪切りを使うのがおすすめです。

シャウペペワンパンパスタ

オイルベース

材料（1人前）

パスタ（フェデリーニ1.4mm） 100g
「シャウエッセン」 1袋
ニンニク 3片
ピュアオリーブオイル 15g
水 350g
タカノツメ（輪切り） 1.5つまみ
コンソメ（顆粒） 2g
塩 ふたつまみ
イタリアンパセリ 適量
粉チーズ 20g

作り方

1 「シャウエッセン」を斜めにそぎ切りにする。ニンニクを細かいみじん切りにする。

2 フライパンにニンニクとピュアオリーブオイルを熱し、ニンニクの香りが立ってきたら「シャウエッセン」を加えて炒める。表面が少し色づいたら水を注ぐ。「シャウエッセン」の半量はバットなどに取り出し、残りは「だし」要員としてそのまま一緒にゆでる。

3 沸騰したらタカノツメ、コンソメ、塩を加え、パスタを入れる。常に沸騰している状態を保ちながら、5分間ゆでる。ゆでている間にイタリアンパセリを軸ごと細かくきざむ。

4 パスタがゆで上がったらイタリアンパセリと**2**で取り置いた「シャウエッセン」の残りを加え、フライパンをあおる。全体が合わさったら火を止め、粉チーズを加えて混ぜる。器に盛りつけたら完成！仕上げにお好みで黒コショウ（材料外）をふる。

\ POINT /

「シャウエッセン」の半量は「だし」、もう半量は「具材」要員！

みんな大好き「シャウエッセン」を使った
間違いのないパスタレシピ！

「これでもか！」というほど、「シャウエッセン」を贅沢に使用した一品。具材の旨みが強いため、
コンソメの量は他のワンパンレシピよりも控えめに。タカノツメのパンチのある辛味と、軸ごとき
ざんだイタリアンパセリの香りがアクセントです。

ワンパンボンゴレビアンコ

オイルベース

材料（1人前）

パスタ（フェデリーニ1.4mm） 100g
アサリ　250g
ニンニク　2片
ピュアオリーブオイル　15g
水（アサリ用）　50g
水（パスタ用）　350g
コンソメ（顆粒）　5g
バター（無塩）　5g
タカノツメ（ホール）　1本
イタリアンパセリ　適量
E.V.オリーブオイル　10g

作り方

1 アサリを塩分濃度3%の塩水（分量外）に2時間浸けて、砂抜きをする。ニンニクを細かいみじん切りにする。

2 フライパンにニンニクとピュアオリーブオイルを入れて強火にかけ、ぱちぱちと音がしてきたら弱火に落としてオイルにニンニクの香りを移していく。

3 ニンニクが軽く色づいてきたら、**1**のアサリを入れて強火にし、水（アサリ用）を加え、蓋をする。シャーシャーと音が聞こえてきたら殻が開いてきた合図。蓋を開け、殻が開いているものはバットなどに取り出して、殻と身に分ける。この時アサリからだしが出るため、このだしを取り置く。

4 すべて取り出したらフライパンに水（パスタ用）、コンソメ、バター、種を取り除いたタカノツメを入れて加熱する。沸いたらパスタを入れ、**3**で取り置いたアサリだしも加える。常に沸騰している状態を保ちながら5分間ゆでる。

5 イタリアンパセリを軸ごと細かくきざむ。パスタがゆで上がったら、**3**で取りはずしたアサリの身をフライパンに戻し入れ、イタリアンパセリの半量を加えて混ぜる。

6 全体が合わさったらE.V.オリーブオイルをまわしかけ、フライパンをあおる。火を止めて器に盛りつけ、仕上げに残ったイタリアンパセリを散らして完成！

＼ POINT ／

アサリを殻からはずす時に出る汁は旨みがたっぷり。これも余さず使う。

アサリだしの旨みがたまんない！
本格ボンゴレビアンコをワンパンで。

ワンパンで作る、ボンゴレビアンコ。ホールのタカノツメとイタリアンパセリがグッと本格度を高めてくれます。アサリは途中、殻から身を取りはずし、食べやすくしておきます。この時出るだしを使うことでさらに旨みが増すので、この工程は欠かせません。

海老のトマトクリームパスタ

材料（2人前）

パスタ（フェデリーニ1.4mm）200g
玉ねぎ　1/8個
ニンニク　2片
バナメイエビ　140g
ピュアオリーブオイル　20g
塩　適量
トマト缶（ダイスカット）200g
コンソメ（顆粒）8g
タカノツメ（輪切り）ひとつまみ
乾燥バジル　ひとつまみ
水　480g

ハチミツ　6g
生クリーム　20g
バター（無塩）10g
黒コショウ　適量

作り方

1 玉ねぎを粗めのみじん切りに、ニンニクは細かいみじん切りにする。エビの背わたを取り除き、半分にカットする。

\ POINT /

2人前のレシピなので、フライパンは深さのあるものをチョイス。

2 フライパンにニンニクとピュアオリーブオイルを入れて強火で加熱する。ぱちぱちと音がしてきたら弱火に落としてオイルにニンニクの香りを移していく。

3 ニンニクが軽く色づいてきたら、玉ねぎとエビを入れて軽く塩をふる。エビの表面の色が変わるまで炒めたら、エビだけをバットなどに取り出す。

\ POINT /

このぐらいまでトマトの水分が煮詰まったら、コンソメなどを入れる目安。

4 トマト缶をフライパンに入れて加熱し、水分が飛んだらコンソメ、タカノツメ、乾燥バジル、水、ハチミツ（トマト缶の味に応じて量を調整する）、塩ひとつまみを入れて沸かす。

5 沸騰したらパスタを入れて強火で5分10秒間ゆでる。ゆで上がり1分前（4分10秒時点）に生クリームを入れる。

6 パスタがゆで上がったら**3**で取り置いていたエビを戻し入れ、バターを加えて混ぜ合わせる。バターが溶けたら火を止めて器に盛りつけ、黒コショウをかけて完成！

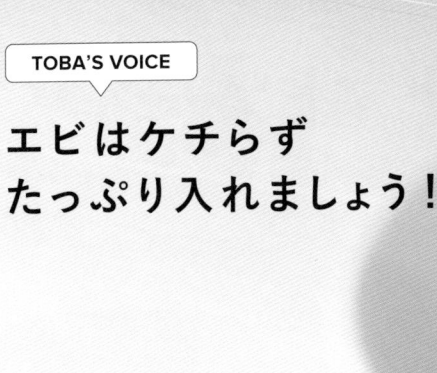

エビはケチらず
たっぷり入れましょう！

たっぷりのエビとトマトの風味が食欲をそそる一品。エビは色づくまで炒めたら、一度取り出すことで、硬くなるのを防ぎます。トマト缶の強い酸味を和らげ、全体に一体感を出すのに欠かせないのがハチミツの甘み。なければ砂糖でも代用可能です！

ツナときのこのトマトソースパスタ

トマトベース

材料（1人前）

パスタ（フェデリーニ1.4mm） 100g
ニンニク　1片
きのこ（お好みのもの3種）　80g
　∟舞茸、しめじ、マッシュルーム
ピュアオリーブオイル　20g
ツナ缶　30g
トマト缶（ダイスカット）　100g
塩　適量
水　320g
コンソメ（顆粒）　4g
バジル　3枚

E.V.オリーブオイル　10g
仕上げ
E.V.オリーブオイル　適量
黒コショウ　適量

作り方

1 ニンニクをみじん切りにし、きのこを食べやすい大きさに手でさく。

2 フライパンにニンニクとピュアオリーブオイルを入れて強火で加熱する。ぱちぱちと音がしてきたら弱火に落としてオイルにニンニクの香りを移していく。

3 ニンニクが軽く色づいてきたら、油をよく切ったツナ缶を入れて軽く炒め、きのこ3種を加える。きのこに油がなじんでしんなりしてきたら、トマト缶を加えて塩を軽くふり、さらに加熱する。

4 トマトの水分が飛んだら水、コンソメ、塩ひとつまみを入れてひと煮立ちさせる。

5 沸いたらパスタを入れて、常に沸騰している状態を保ちながら5分10秒間ゆでる。

6 パスタがゆで上がったらバジルを手でちぎって加え、E.V.オリーブオイルを加えてフライパンをあおり、混ぜ合わせる。火を止めて器に盛りつけ、仕上げにE.V.オリーブオイルをたらし、黒コショウをかけて完成！

\ POINT /

ツナは味の核となる「だし」のイメージ。炒めて香ばしさを引き出す。

\ POINT /

このぐらいまでトマトの水分が飛んだら、水などを入れる目安。

きのことツナは間違いない組み合わせ。
ソースに深い旨みが出ます！

きのこを主食材に、ツナを合わせた料理やソースのことをイタリアでは「ボスカイオーラ（木こり風）」と呼んでいます。このパスタも、ボスカイオーラをワンパンで、と考えて生まれた一品です。長く親しまれてきたきのこ、ツナ、トマトの組み合わせは間違いない！

真夜中のツナトマトスープパスタ

材料（1人前）

パスタ（フェデリーニ1.4mm）100g
「シャウエッセン」　3本
水　320g
コンソメ（顆粒）　10g
タカノツメ（輪切り）　お好みの量
ツナ缶　1缶
トマト缶（ダイス）　150g
塩　少量
とろけるミックスチーズ　適量

作り方

1　「シャウエッセン」を斜めにそぎ切りにする。

＼ POINT ／

ツナ缶は油をよく切っておくこと！ 魚臭さが出るのを防ぎます。

2　フライパンに水、コンソメ、タカノツメ、油をよく切ったツナ缶、トマト缶、塩を入れて火にかける。**1**の「シャウエッセン」を加える。

3　沸騰したらパスタを加え、常に沸騰している状態を保ちながら、5分10秒間ゆでる。

4　パスタがゆで上がったらとろけるミックスチーズを半量加え、混ぜる。この時、水分量がまだたっぷりと残っている状態が理想。もし水分が少なければ、少量ずつ水（分量外）を足し、調整する。

＼ POINT ／

パスタがゆで上がった時点で、このくらい水分が残っているのが理想。

5　ミックスチーズが溶けたら火を止め、器に盛りつける。残ったチーズの半量を加えて完成！ お好みで黒コショウ（材料外）をかける。

トマトスープの酸味と、
ツナやソーセージの旨みがめちゃくちゃ合う！

某イタリアンレストランで長年愛される看板メニュー、「真夜中のスパゲッティ」という名のトマトスープパスタをイメージし、僕なりにアレンジを試みた一品です。コンソメに加え、ツナとソーセージという多彩な動物性由来の旨みと、トマトの酸味がよくマッチします。

ワンパンペスカトーレ

材料（1人前）

パスタ（フェデリーニ1.4mm） 100g
ピュアオリーブオイル 20g
ニンニク 2片
シーフードミックス（冷凍のまま） 100g
塩 少量
水 320g
「プチッと鍋 あさりとホタテの旨塩鍋」 1個
トマトジュース（無塩） 50g
イタリアンパセリ 適量
E.V.オリーブオイル 適量

作り方

1 フライパンにピュアオリーブオイル、みじん切りにしたニンニクを入れて強火にかけ、ぱちぱちと音がしてきたら弱火に落としてオイルにニンニクの香りを移していく。

\ POINT /

水分がなくなるまでシーフードを加熱。臭みを飛ばし、味を凝縮させる。

2 ニンニクが軽く色づいてきたらシーフードミックスを冷凍のまま入れる。軽く塩をふり、氷を溶かしながら、溶けて出た水分を煮詰めていく。

3 シーフードミックスに火が通ったら一度バットなどに取り出す。フライパンに水、「プチッと鍋 あさりとホタテの旨塩鍋」を入れ、ひと煮立ちさせる。

4 沸騰したらパスタを入れ、常に沸騰している状態を保ちながら5分10秒間ゆでる。

\ POINT /

イタリアンパセリは軸も入れることで香りと食感のアクセントに。

5 残り1分（4分10秒時点）になったらトマトジュースを加える。この間にイタリアンパセリを軸ごと細かくきざむ。残り30秒になったら**3**で取り置いたシーフードミックスを戻し入れる。

6 ソースの水分量が少なくなってきたらE.V.オリーブオイルをたっぷりかけ、混ぜ合わせる。ソースにとろみがついたら、イタリアンパセリの半量を入れ、フライパンをさっとあおって火を止める。器に盛りつける。上から残り半量のイタリアンパセリを散らし、E.V.オリーブオイルをかけたら完成！

ワンパンレシピの中でも一番人気！
レストランクオリティに仕上がります

無塩トマトジュースと「プチッと鍋」が味の決め手の一品。これさえ揃えれば、本格的なペスカトーレがご自宅で簡単に楽しめます。トマトジュースを入れずに、ボンゴレビアンコ風に仕立てることも可能。シーフードは冷凍食品でも、ご自宅で余らせてしまったものを使ってもOK！

超簡単ワンパンミートパスタ

材料（1人前）

パスタ（フェデリーニ1.4㎜）100g
「7プレミアムゴールド　金のハンバーグ」　1袋
水　350g
コンソメ（顆粒）　5g
塩　ひとつまみ
バター（無塩）　10g
パルミジャーノ（削りおろし）　適量
黒コショウ　適量

作り方

1　「7プレミアムゴールド　金のハンバーグ」をパッケージに記載されている方法で温める。

2　フライパンに水を入れて強火にかけ、コンソメと塩を加える。

3　沸いたらパスタを入れて、水分がなくなるまで5分ほどゆでる。ゆで上がったら、バターを加えてさっと和え、火を止めて器に盛る。

4　温めておいた「7プレミアムゴールド　金のハンバーグ」のパッケージを開け、パスタの上に豪快に盛りつける。

5　上からパルミジャーノと黒コショウをかけたら完成!

\ POINT /

食べる時にハンバーグを崩してよく混ぜるのがポイント!

何より「金のハンバーグ」を使うことが一番のポイント！

「7プレミアムゴールド　金のハンバーグ」を使ったアレンジレシピ。単品でも十分おいしいので、パスタのベースの味はコンソメとバター、塩のみでごくシンプルに仕上げておきます。お子さま向けに、ミートボールを使うのも◎。キャンプ飯にもおすすめです。

ワンパンカルボナーラ

バター・クリームベース

材料（1人前）

パスタ（フェデリーニ1.4mm） 100g
ブロックベーコン　40g
黒コショウ　少量
ピュアオリーブオイル　10g
水　350g
コンソメ（顆粒）　5g
塩　ひとつまみ
卵液
パルミジャーノ（削りおろし）　15g
生クリーム　15g
卵黄　1個分

水　30g
黒コショウ　適量
仕上げ
パルミジャーノ（削りおろし）　適量
黒コショウ　適量

\ POINT /

黒コショウを乾煎りすることで、香りを立たせるのがコツ。

\ POINT /

卵液は水を加えるのが重要。これによって卵が固まりにくくなる！

\ POINT /

熱で卵が固まりやすくなるため、卵液を入れる時は火を止めるのが鉄則。

作り方

1 ブロックベーコンを5mm幅の棒状にカットする。フライパンに黒コショウを入れ、香りが立つまで乾煎りする。

2 香りが立ってきたらピュアオリーブオイルを加え、ベーコンを入れて炒める。軽く焼き色がついたら、バットに取り出す。

3 **2**のフライパンに水、コンソメ、塩を入れ、強火にかける。沸騰したらパスタを入れ、沸騰した状態を保ちながら5分間ゆでる。

4 ゆでている間に卵液の材料を混ぜ合わせる。パルミジャーノに生クリームを入れ、卵黄、水、黒コショウを加える。しっかりコシを切るように混ぜ合わせる。

5 パスタがゆで上がる直前に**2**のベーコンを戻す。ゆで上がったら火を止めて卵液を加え、ゴムベラに持ち替えて全体を混ぜ、卵液をなじませる。ソースがゆるければ弱火にかけ、再度ゴムベラで混ぜる。ここで加熱しすぎると卵が固まってしまうため、あくまでもごく弱火で短時間の加熱とする。

6 器に盛りつけ、仕上げにパルミジャーノ、黒コショウをかけたら完成！

お家で簡単に本格カルボナーラを作る方法、特別に教えちゃいます！

難しいイメージのあるカルボナーラも、卵液を作る際に水を入れること、余熱で温めながら卵液を加えることの2点さえ押さえれば、ワンパンで簡単に本格的なクオリティのものが作れます。コンソメをめんつゆに変えて、和風カルボナーラに仕上げるのもおすすめ。

トマトカルボナーラ

バター・クリームベース

材料（1人前）

パスタ（フェデリーニ1.4mm） 100g
コンソメ（顆粒） 5g
水　350g
ケチャップ　40g
卵液
粉チーズ　15g
生クリーム　15g
卵黄　1個分
水　30g
黒コショウ　適量

仕上げ
粉チーズ　適量
黒コショウ　適量
タバスコ　適量

作り方

1 フライパンにコンソメと水、ケチャップを入れ、ひと煮立ちさせる。

2 沸かす間に卵液の材料を混ぜ合わせる。粉チーズに生クリームを入れ、卵黄、水、黒コショウを加える。しっかりコシを切るように混ぜ合わせる。フライパン内が沸騰したらパスタを入れ、沸騰した状態を保ちながら5分間ゆでる。

3 ゆで上がったら火を止めて卵液を加え、ゴムベラに持ち替えて全体を混ぜて卵液をなじませる。ソースがゆるければ弱火にかけ、再度ゴムベラで混ぜる。ここで加熱しすぎると卵が固まってしまうため、あくまでもごく弱火で短時間の加熱とする。

4 ソースに濃度がつき、全体がよく合わさったら器に盛りつけ、仕上げに粉チーズ、黒コショウをかけて完成！　タバスコをかけて味わう。

\ POINT /

トマトの風味はケチャップで。ゆで汁に味をつけておけば失敗知らず。

\ POINT /

卵液は水を入れるのが、カルボナーラのレシピすべてに共通するコツ!

家で作るなら、普通のカルボより
こっちかも!? ってくらい"トバい"パスタ!

いつものカルボナーラにケチャップを加えるだけで、変化が生まれます。ケチャップは最初に、
パスタのゆで汁の中にコンソメと一緒に入れておくことで、味がパスタに浸透し、また失敗しにく
くなります。粉チーズとタバスコをたっぷりかければ、やみつきの一品に。

ワンパン和風カルボナーラ

材料（1人前）

パスタ（フェデリーニ1.4mm）100g
めんつゆ（3倍濃縮）　30g
水　350g
卵液
粉チーズ　15g
生クリーム　15g
卵黄　1個分
水　30g
黒コショウ　適量

仕上げ
粉チーズ　適量
黒コショウ　適量

作り方

1 フライパンにめんつゆと水を入れ、ひと煮立ちさせる。

2 沸かす間に卵液の材料を混ぜ合わせる。粉チーズに生クリームを入れ、卵黄、水、黒コショウを加える。しっかりコシを切るように混ぜ合わせる。フライパン内が沸騰したらパスタを入れ、沸騰した状態を保ちながら5分間ゆでる。

3 ゆで上がったら火を止めて卵液を加え、ゴムベラに持ち替えて全体を混ぜて卵液をなじませる。ソースがゆるければ弱火にかけ、再度ゴムベラで混ぜる。ここで加熱しすぎると卵が固まってしまうため、あくまでもごく弱火で短時間の加熱とする。

4 ソースに濃度がつき、全体がよく合わさったら器に盛りつけ、仕上げに粉チーズ、黒コショウをかけて完成！

POINT

卵液を加えたら、フライパンはあおらずにそっと混ぜるのがコツ。

ザ・万人ウケのモテる味！
簡単なのに、みんなが好きになっちゃう

めんつゆを加えた和風カルボナーラは、お子さまにもおすすめ。ベーシックなレシピとしてあえて
具材は入れていませんが、ベーコンやきのこ、ほうれん草などがよく合います。入れる場合は最
初に炒めて取り出しておき、最後に卵液と合わせて加熱しましょう。

ワンパンきのこクリームパスタ

材料（1人前）

パスタ（フェデリーニ1.4mm）100g
ニンニク　1片
きのこ（お好みのもの3種）　80g
└マッシュルーム、舞茸、しめじ
ピュアオリーブオイル　15g
塩　適量
水　380g
コンソメ（顆粒）　5g
生クリーム　大さじ2
バター（無塩）　5g
パルミジャーノ（削りおろし）　13g

E.V.オリーブオイル　適量
仕上げ
パルミジャーノ（削りおろし）　適量
黒コショウ　適量

作り方

POINT

このくらいきのこがしっとりとしてきたら、水を注ぐサイン。

POINT

生クリームを入れる時、フライパン内の水分が軽く煮詰まっているのが理想。

POINT

このくらいの水分量になったら、火を止めてパルミジャーノを入れる目安。

1　ニンニクをみじん切りにする。マッシュルームを8mm幅にスライスし、その他のきのこは食べやすい大きさに手でさく。

2　フライパンにピュアオリーブオイル、ニンニクを入れて強火にかけ、ぱちぱちと音がしてきたら弱火に落としてオイルにニンニクの香りを移していく。香りが立ってきたらきのこ3種を入れ、軽く塩をふる。きのこに油を吸わせるようにして炒める。

3　きのこ全体にオイルが行き渡ってしっとりとし、香りが立ってきたらフライパンに水を注ぎ、塩ひとつまみを入れる。ひと煮立ちさせ、沸騰したらパスタ、コンソメを入れ、5分10秒間沸騰状態を維持させながらゆでる。

4　ゆで上がり1分前（4分10秒時点）に生クリームを入れる。フライパンの中の水分がなくなってきたらパスタのゆで具合を確認し、ちょうどよければバターを加え、混ぜ合わせる（まだ麺が硬ければ、水を少量足し、ほどよい硬さになるまでさらにゆでる）。

5　バターが溶けたら火を止め、パルミジャーノとE.V.オリーブオイルを加えてフライパンを軽くあおる。

6　器に盛りつけ、仕上げにパルミジャーノと黒コショウをかけて完成！

秋の定番メニューに決まり！
でも年中食べたくなるぐらいの旨さ

きのこの香ばしい香りと、クリーミーなソースが合わさることで生まれる一体感は、ワンパンで作るからこそ味わえるもの。きのこは椎茸やマッシュルーム、舞茸、しめじなど香り豊かなものを複数組み合わせることで、本格的なクオリティにグッと近づきます。

ワンパン白菜クリームパスタ

材料（1人前）

パスタ（フェデリーニ1.4mm）100g
白菜　150g
ニンニク　1片
ピュアオリーブオイル　20g
塩　適量
水　350g
コンソメ（顆粒）　5g
生クリーム　30g
バター（無塩）　5g
パルミジャーノ（削りおろし）　13g

仕上げ

パルミジャーノ（削りおろし）　適量
黒コショウ　適量

作り方

1 白菜を一口大に切る（芯の部分は小さめの一口大にする）。ニンニクを細かいみじん切りにする。

2 フライパンにピュアオリーブオイル、ニンニクを入れて強火にかけ、ぱちぱちと音がしてきたら弱火に落としてオイルにニンニクの香りを移していく。

3 ニンニクが色づいてきたら白菜を入れて軽く塩をふり、炒める。白菜の芯が軽く透き通ってきたら一度バットなどに取り出す。

4 フライパンに水、コンソメ、塩ひとつまみを入れ、ひと煮立ちさせる。沸騰したらパスタを入れ、常に沸騰している状態を保ちながら、5分間ゆでる。

5 ゆで上がり1分前（4分時点）に生クリームを入れる。パスタがゆで上がったら、**3**の白菜を戻し入れ、バターを加えて混ぜ合わせる。バターが溶けたら、火を止めてパルミジャーノを加え、混ぜる。

6 器に盛りつけ、仕上げに上からパルミジャーノと黒コショウをかけたら完成！

\ POINT /

芯は熱が通るのに時間がかかるため、葉よりも小さめにカット。

\ POINT /

このくらい白菜の芯が透き通ったら一度フライパンから取り出す。

白菜が余ってしまったら、
迷わずこれで消費！

冬場に大活躍する白菜ですが、「鍋以外の使い所がわからない」という方も多いはず。実はパスタにもよく合います。くたくたになるまで加熱するよりも、一度フライパンから取り出して、シャキシャキとした食感を残してあげたほうが変化が生まれておすすめです。

ワンパンカチョ・エ・ペペ

材料（1人前）

パスタ（フェデリーニ1.4mm）　100g
黒コショウ　1g
水　350g
コンソメ　3g
塩　ひとつまみと少々
バター（無塩）　8g
パルミジャーノ（削りおろし）　15g

仕上げ

パルミジャーノ（削りおろし）　適量
黒コショウ　適量

作り方

1 黒コショウをフライパンに入れ、香りが立つまで乾煎りする。

2 黒コショウの香りが立ってきたら、水を注ぎ、コンソメ、塩を入れて、バターのうち3gを加え、ひと煮立ちさせる。

3 沸騰したらパスタを入れる。常に沸騰している状態を保ちながら、5分10秒間ゆでる。

4 フライパンの中の水分がなくなってきたらパスタのゆで具合を確認し、ちょうどよければ強火にして残りのバター（5g）を加え、混ぜ合わせる（まだ麺が硬ければ、水を少量足し、ほどよい硬さになるまでさらにゆでる）。

5 バターが溶けてきたら火を止め、パルミジャーノを加え、フライパンをあおって混ぜ合わせる。

6 器に盛り、仕上げに上からパルミジャーノと黒コショウをかけたら完成！

\ POINT /

黒コショウをフライパンで乾煎りすることで、香りを引き出しましょう!

\ POINT /

バターは2度に分けて入れる。最初は旨みやコク出し、2度目は濃度出し。

\ POINT /

このくらいの水分量になったら、火を止めてパルミジャーノを入れる。

黒コショウをしっかり乾煎りして
香りを立たせるのがポイント！

「チーズとコショウ」を意味する「カチョ・エ・ペペ」。ごくシンプルな材料で作るからこそ、黒コショウを最初に乾煎りすることで香りを引き出す、バターを2度に分けて入れ、コクや香り、濃度を高めるといった、ちょっとした手間が仕上がりのクオリティを左右します。

レモンクリームパスタ

材料（1人前）

パスタ（フェデリーニ1.4mm）100g
水　350g
コンソメ（顆粒）5g
バター（無塩）10g
塩　適量
レモン（皮ごと）1/4個
生クリーム　20g
パルミジャーノ（削りおろし）　適量
黒コショウ　適量

作り方

1 フライパンに水、コンソメ、バター10gのうち5g、塩ひとつまみを入れて火にかける。

2 沸騰したらパスタを入れ、常に沸騰している状態を保ちながら5分10秒間ゆでる。

3 パスタをゆでている間にレモンの皮を薄くむき、細切りにする。

4 パスタがゆで上がったら、残りのバター（5g）、生クリームを加えたのち、**3**のレモンの果汁を搾り入れて混ぜ合わせる。

5 バターが溶け、全体がよく合わさったら火を止め、パルミジャーノ、**3**のレモンの皮を加えて混ぜる。器に盛りつけ、黒コショウをかけたら完成!

\ POINT /

レモンの皮の白いワタの部分は苦味があるので、表面のみを使いましょう!

レモンの酸味と香りがさわやかな、春夏におすすめの一品！

レモンが少量残った時の、お役立ちレシピです。果汁と皮の両方を使うことで、レモンの風味や酸味、香りすべてを味わえる仕立てに。パルミジャーノはできれば削りたてを使いたいところ。シンプルな構成のため、一つひとつの調味料の味が仕上がりを左右します。

マッケンチーズ

材料（1人前）

ショートパスタ（マカロニ）　100g
ブロックベーコン　50g
ピュアオリーブオイル　15g
水　450g
コンソメ（顆粒）　5g
塩　ひとつまみ
バター（無塩）　5g
チェダーチーズ（スライス）　5枚
牛乳　100g

仕上げ

バター（無塩）　10g
ハチミツ　適量
黒コショウ　適量

作り方

1 ブロックベーコンを1.5cm角のサイコロ状にカットする。

2 フライパンにピュアオリーブオイルを入れて熱し、中火でベーコンを炒める。焼き色がついたら、バットなどに取り出す。

3 フライパンに水、コンソメ、塩を入れ、ひと煮立ちさせる。沸騰したらマカロニとバターを入れる。常に沸騰している状態を保ちながら、8分間ゆでる。

4 マカロニをゆでている間にチェダーチーズを手でさく。ゆで時間が残り1分になったら牛乳を入れ、ゆで上がる直前に **2** のベーコンを戻す。

5 マカロニがゆで上がったら弱火にし、仕上げ用のバターと **4** のチェダーチーズを加え、混ぜ合わせる。味を見て、甘みが必要であればハチミツを加える。

6 器に盛りつけ、黒コショウをかけて完成！

\ POINT /

表面に香ばしい焼き色がついたら、一度フライパンから取り出す目安。

\ POINT /

バターは2度に分けて投入。1度目は旨みの増強、2度目で濃度をつける。

おつまみにも、
パーティー料理にも向いてます！

濃厚なチェダーチーズの風味と、ベーコンの香ばしさでマカロニを食べ進める、アメリカの家庭
料理「マッケンチーズ（マカロニ&チーズ）」。一口大で食べやすく、見た目も可愛らしいので、
パーティー料理などにもおすすめの一品です。

白ナポ

バター・クリームベース

材料（1人前）

パスタ（フェデリーニ1.4mm）100g
ニンニク　1片
玉ねぎ　1/4個
ピーマン　1個
マッシュルーム　20g
ソーセージ　3本
ピュアオリーブオイル　15g
塩　適量
水　350g
コンソメ（顆粒）　5g
生クリーム（牛乳でもよい）　20g

バター（無塩）　15g
粉チーズ　適量
黒コショウ　適量
タバスコ　お好みの量

\ POINT /

複数の具材を使う際は、切る向きを揃えておくと食べやすい！

\ POINT /

野菜はシャキシャキ感を残したいので、表面にツヤが出たらすぐ取り出す。

\ POINT /

これぐらいの水分量になったら、バターを加えるサイン。

作り方

1 ニンニクをみじん切りにする。玉ねぎを約1cm幅の細切りにする。ピーマンを縦半分にカットして、種を取り除き、縦に5mm幅の細切りにする。マッシュルームをスライスし、ソーセージを斜めにカットする。

2 フライパンにニンニクとピュアオリーブオイルを入れ、強火にかける。ぱちぱちと音がしてきたら弱火に落としてオイルにニンニクの香りを移す。ニンニクがうっすら色づいてきたら、ソーセージを入れて軽く炒め、玉ねぎ、マッシュルームを加え、軽く塩をふって炒める。

3 全体に油がまわり、玉ねぎの色が透き通ってきたらピーマンを入れてさっと炒める。ピーマンにも油がまわったら、フライパンの中の具材をバットに取り出す。

4 フライパンに水を注ぎ、コンソメ、塩ひとつまみを入れてひと煮立ちさせる。沸騰したらパスタを入れ、中火～強火にする。常に沸騰している状態を保ちながら、5分10秒間ゆでる。

5 パスタがゆで上がったら3で取り出した具材をフライパンに戻し入れ、生クリームを加える。水分がなくなってきたら、バターを加えて混ぜ合わせる。

6 バターが溶け、全体がよく混ざったら火を止め、器に盛りつける。上から粉チーズ、黒コショウをかけて完成！ タバスコをかけて食べるのがおすすめ。

赤ナポリタンより好きかも！
具材は歯ごたえを残すために、
途中で取り出しましょう

真っ赤な「ナポリタン」を、コンソメと生クリームで真っ白にイメージチェンジ。途中でバットに取り出して、シャキシャキ感を残した野菜の歯ごたえがアクセント。一般的なナポリタンでは入れないことも多い、ニンニクの香りも風味の底上げに一役買っています。

めんつゆチーズのワンパンパスタ

材料（1人前）

パスタ（フェデリーニ1.4mm）100g
水　350g
めんつゆ（3倍濃縮）　35g
バター（無塩）　15g
粉チーズ　20g

作り方

1　フライパンに水とめんつゆ、バター10gを入れ、沸騰させる。

2　沸いたらパスタを入れ、常に沸騰している状態を保ちながら、5分間ゆでる。

3　この間、水が少なくなったら適宜足す。

4　パスタがゆで上がったらバター5gを加えて和える。バターが溶けたら火を止めて、粉チーズ15gを加えて和える。

5　さっとからめて器に盛りつけたら、上から追い粉チーズ5gをかけて完成！

＼ POINT ／

バターは2度に分けて入れる。1度目は旨みの増強、2度目は濃度出しが目的。

あらゆるめんつゆパスタの
ベースとなるレシピ。
これさえ覚えておけばなんとかなる！

めんつゆとバターで作る、ごくシンプルなパスタ。めんつゆを使って作るあらゆるパスタのベース
となるレシピで、汎用性は抜群。ここにベーコンやキャベツ、卵など、余った食材をなんでも加
えていただけます。冷蔵庫のお掃除をしたい時に、ぜひ思い出してください。

ワンパン納豆パスタ

和風ベース

材料（1人前）

パスタ（フェデリーニ1.4mm） 100g
水　340g
塩　ふたつまみ
めんつゆ（3倍濃縮）　20g
万能ネギ　適量
しめじ　60g
納豆　1パック
塩昆布　ひとつまみ
E.V.オリーブオイル　適量
卵黄　1個分

作り方

1 フライパンに水、塩、めんつゆを入れ、沸騰させる。万能ネギをきざむ。しめじを手でさく。

2 沸騰したらパスタとしめじを入れ、5分間ゆでる。

3 ゆでている間に納豆を混ぜておく。付属のタレを入れ、よく混ぜる。パスタがゆで上がったら塩昆布を入れ、混ぜ合わせる。

4 E.V.オリーブオイルを加え、火を止める。フライパンをあおり、器に盛りつける。上からよく混ぜた納豆、卵黄をのせ、万能ネギを散らす。仕上げにE.V.オリーブオイルをかけたら完成!

\ POINT /

納豆は白っぽくなるまでよく混ぜること。付属のタレも使いましょう。

\ POINT /

塩昆布を加える段階でまだ麺が硬ければ、水を加えて様子見を。

とにかくうまい！
大葉をきざんでのせても最高にうまい！

納豆とパスタは実はよく合う組み合わせ。卵黄ときのこも合わされば、麺がめちゃくちゃ進みます。万能ネギと一緒に大葉をきざんでのせたり、ゴマを散らしたりしてもおいしいです。塩昆布がない場合は、代わりにめんつゆの量を少し増やすとよいでしょう。

最高ワンパン明太子パスタ

和風ベース

材料（1人前）

パスタ（フェデリーニ1.4mm）100g
ニンニク　2片
明太子　40g
万能ネギ　適量
ピュアオリーブオイル　20g
生クリーム　15g
水　350g
コンソメ（顆粒）　3g
塩　ひとつまみ
バター（無塩）　10g

\POINT/

ニンニクを炒めている間に
明太子と生クリームを合
わせておこう！

\POINT/

ニンニクがこのくらいうっす
らと色づいたら、水を注ぐ
サイン。

\POINT/

明太子クリームは火が入
りすぎて硬くなるのを防ぐ
ため、火を止めて入れる。

作り方

1　ニンニクをみじん切りにする。明太子を皮からはずしておく。万能ネギを小口切りにする。

2　フライパンにピュアオリーブオイル、ニンニクを入れて強火にかけ、ぱちぱちと音がしてきたら弱火に落としてオイルにニンニクの香りを移していく。ニンニクを炒めている間に、1の明太子と生クリームをボウルで混ぜ合わせる。

3　ニンニクの香りが立ち、うっすらときつね色になったら水を注ぎ、コンソメ、塩を入れてひと煮立ちさせる。

4　沸騰したらパスタを加え、5分10秒間ゆでる（この間、沸騰している状態を保つ）。

5　5分10秒が経過したら、パスタのゆで具合を確認し、ちょうどよければバターを加え、混ぜ合わせる（まだ麺が硬ければ、水を少量足し、ほどよい硬さになるまでさらにゆでる）。

6　火を止め、2で作った明太子クリームを加えてさっと和える。器に盛りつけ、上から万能ネギをかけて完成！ お好みで黒コショウ（材料外）をかける。

イカやエビ、好みの具材を入れても抜群においしい！

みんな大好き明太子クリームパスタも、ワンパンなら失敗知らず。明太子の繊細な風味を損なわないように、明太子クリームは火にはかけず、ボウルで合わせて余熱のみで仕上げるのがポイントです。万能ネギは好みで大葉やきざみ海苔に変えてもOK。

チキンときのこのめんチーワンパンパスタ

和風ベース

材料（1人前）

パスタ（スパゲッティーニ1.7mm）100g　炒りゴマ　適量
きのこ　50g
L 舞茸、しめじ、マッシュルーム
万能ネギ　適量
鶏もも肉　40g
サラダ油　適量
塩　適量
水　350g
めんつゆ（3倍濃縮）　35g
バター（無塩）　15g
粉チーズ　20g

作り方

1　舞茸としめじを手で食べやすい大きさにさく。マッシュルームは1/4にカットする。万能ネギを小口切りにする。鶏もも肉を一口大にカットする。

2　サラダ油を引いたフライパンで鶏もも肉を炒める。表面が白っぽくなってきたらきのこ類を加え、塩を軽くふり、さらに炒める。鶏もも肉に火が通り、香ばしい香りが出てきたらバットに具材をすべて取り出す。

3　フライパンに水、めんつゆを入れて火にかける。沸騰したらパスタを入れ、常に沸騰している状態を保ちながら5分10秒間ゆでる。

4　パスタがゆで上がったらバターを加え、**2**で取り置いた具材を戻し入れ、混ぜる。火を止め、粉チーズを加えてフライパンを軽くあおる。

5　全体がよく合わさったら器に盛りつけ、万能ネギと炒りゴマを散らしたら完成！

\ POINT /

鶏もも肉に火が通り、きのこから香ばしい香りがしてきたら取り出す。

お腹を空かせた男子学生の
強い味方になること間違いなし！

男子学生の昼食や間食に、おすすめの一品。コツは、具材の大きさをすべて揃えること。食べやすく、また加熱時間にも差が出にくいため作りやすいです。きのこは冷蔵庫の中にあるものでなんでも代用可能。鶏肉も、もも肉でも胸肉でも、お好みのものでどうぞ。

コンソメバターしそわかめパスタ

材料（1人前）

パスタ（フェデリーニ1.4mm）100g
水　350g
コンソメ（顆粒）　5g
「しそわかめ」（ソフトふりかけ）　5g
バター（無塩）　10g
塩　少量

作り方

1 フライパンに水、コンソメを入れて火にかける。沸騰したらパスタを入れ、5分10秒間ゆでる。

2 パスタがゆで上がったら「しそわかめ」、バター、塩を加えてよく混ぜる。

3 バターが溶け、全体がよく合わさったら器に盛りつけて完成！

＼ POINT ／

「しそわかめ」にはしっかり塩味があるため、塩を加える際は味を見ながら。

「しそわかめ」ふりかけさえあれば、
簡単に味が決まる、最高のお手軽パスタ！

井上商店のふりかけ、「しそわかめ」。主にご飯に混ぜて食べる製品ですが、パスタに入れれ
ば、途端に大葉で作る和風ジェノベーゼパスタのような一品に。しそ特有の香りと酸味がクセ
になります。お好みの具材を足しても◎。

ワンパンジェノベーゼ

ジェノベーゼベース

材料（1人前）

パスタ（フェデリーニ1.4mm）100g
水　350g
コンソメ（顆粒）5g
大葉　1束（10枚）
バター（無塩）5g
ジェノベーゼソース（市販品）30g
生クリーム　10g
粉チーズ　適量

作り方

1　フライパンに水とコンソメを入れ、沸騰させる。

2　沸いたらパスタを入れ、常に沸騰している状態を保ちながら、5分間ゆでる。パスタをゆでている間に大葉の葉を細切りにする。

3　パスタがゆで上がったらバターを加え混ぜる。バターが溶けたらジェノベーゼソース、生クリーム、粉チーズ、**2**で切った大葉の半量を加えて和える。

4　全体がよく合わさったら火を止めて器に盛りつけ、上に残った大葉をのせて完成！　お好みで粉チーズを足す。

\ POINT /

ジェノベーゼソースは、味を見ながら少量ずつ入れていくと失敗知らず！

市販のソースにプラスαを施すだけで、
味が決まりやすくなる！

「市販のジェノベーゼソースを使っているのに、なぜか味が決まらない」。そんな声をよく聞きます。ここでは市販のソースの力を借りながらも、コンソメとフレッシュの大葉をプラスすることで、より香りと旨み豊かなジェノベーゼに仕立てる手法をご紹介しました。

自家製トマトソース

ザ・ベーシックなトマトソース。
これをベースにお好きにアレンジしてください!

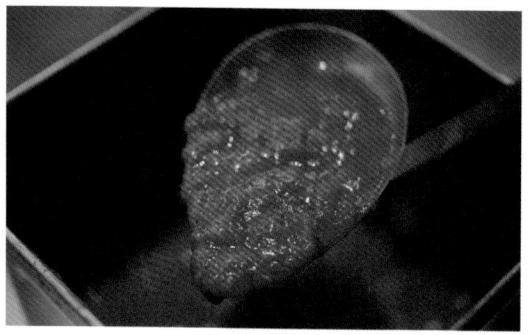

あらゆるトマトベースのパスタに使え、他の料理にも
応用できる、クセのないトマトソースです。基本的に
はこれを再加熱することが前提となるため、あまり煮
詰めすぎず、また裏漉ししたり、ミキサーにかけたりし
ないで果肉の形を残しておくのがおすすめです。

材料(30人前)

トマト缶(ホール) 1缶(2.5kg)
ニンニク 2片
玉ねぎ 1/2個
フレッシュバジル 3g
ピュアオリーブオイル 50g
乾燥バジル ひとつまみ

\ POINT /

蓋をせず加熱するため、
跳ねやすい。深く大きい
鍋を使うのがおすすめ。

\ POINT /

トマトの果肉の食感が
多少残っているのが理想
的。粗めにつぶす。

\ POINT /

菌が繁殖しやすい温度帯
(30〜40度)を素早く通過
させるため、急冷が鉄則!

作り方

1 ニンニクを半割にし、包丁の腹でつぶして香りを出す。
玉ねぎを細かいみじん切りにする。フレッシュバジルを葉
と茎に分ける。

2 鍋にピュアオリーブオイルとニンニク、フレッシュバジル
の茎を入れて火にかける。ニンニクの香りが立ってきた
ら乾燥バジルと玉ねぎを加え、軽く塩(材料外)をふる。

3 玉ねぎが徐々に色づいてきたら(飴色になる手前)、トマ
ト缶を注ぎ入れる。1のフレッシュバジルの葉を加え、
加熱する。沸騰してきたら中〜強火で12分間加熱す
る。水分を飛ばしながら煮詰めていくため、蓋はしな
い。時折、木ベラなどでトマトの果肉をつぶしながら全
体を混ぜる。

4 12分間経ったら火を止め、泡立て器を使ってさらに果肉
をつぶす。

5 果肉が粗ごし状態までつぶれたら、大きめの耐熱器に移
し替え、氷に当てて、急冷する。

6 ソースが冷えたら密閉できる保存容器に移し替えて完
成! 冷凍で1カ月間、冷蔵で5日間程度は保存可能。

毎日の食卓のスタメンにしたいぐらい
手軽でおいしい

定番パスタ

新定番のアーリオ・オーリオ

材料 (1人前)

パスタ (スパゲッティーニ1.7mm) 100g
ニンニク　5片
ピュアオリーブオイル　55g
タカノツメ (ホール)　1個
イタリアンパセリ　適量
E.V.オリーブオイル　20g

作り方

1 ニンニクを2種類の大きさにカットする。2片は半割にし、残りはごく薄くスライスする。

◥ POINT ◣

ニンニクはスライスに加え、コンフィを使うことでまろやかさを出す。

2 ニンニクのコンフィを作る。**1**のうち、半割のニンニクを小鍋に入れ、ピュアオリーブオイル40g (ニンニクの量や鍋の大きさに応じて調整) をニンニクの半分が浸るくらい注いで強火にかける。小さな泡が出てきたら弱火に落とし、ニンニクの表面に透明感が出て、トロッと柔らかくなるまで15〜20分間加熱する。

3 鍋にたっぷりのお湯と1%量の塩 (ともに材料外) を入れて火にかけ、沸いたらパスタを入れて8分間ゆでる。

4 フライパンに**1**のうちニンニクのスライスと、ピュアオリーブオイル15g、種を抜いたタカノツメを入れて強火にかける。ニンニクが色づいてきたら弱火にする。

◥ POINT ◣

ニンニクのコンフィはつぶしてなめらかにし、ソースになじませましょう。

5 イタリアンパセリを軸ごときざみ、フライパンに加える。火力を上げ、**3**のゆで汁を70g程度加える。パスタがゆで上がる30秒前 (7分30秒時点) に**2**のニンニクのコンフィを加え、フォークでニンニクをつぶし、ソースに溶かす。

6 パスタがゆで上がったらザルなどに上げてからフライパンに移し、火力を強める。E.V.オリーブオイルをまわしかけ、フライパンをあおって火を止める。器に盛りつけて完成!

ニンニクのコンフィはパンに塗って
食べるのもおすすめ！

パスタの定番中の定番、ペペロンチーノ。難しい工程はありませんが、ポイントはスライスとコンフィ、2種類のニンニクを使うこと。スライスはニンニクらしい香りを立たせること、コンフィはソースに溶かし入れることで、まろやかさやコクをプラスすることが狙いです。

ソーセージと玉ねぎのペペロンチーノ

材料（1人前）

パスタ（スパゲッティーニ1.7mm）100g
玉ねぎ　1/4個
「シャウエッセン」　3本
ニンニク　2片
イタリアンパセリ　適量
タカノツメ（輪切り）　ひとつまみ
ピュアオリーブオイル　15g
バター（無塩）　10g
パルミジャーノ（削りおろし）　5g
E.V.オリーブオイル　15g

作り方

1 玉ねぎを繊維に沿って細切りにする。「シャウエッセン」を斜めのそぎ切りにする。ニンニクを細かいみじん切りにする。イタリアンパセリを軸ごと細かくきざむ。

2 鍋にたっぷりのお湯と1%量の塩（ともに材料外）を入れて火にかけ、沸いたらパスタを入れて7分40秒間ゆでる。

3 フライパンにニンニクとタカノツメ、ピュアオリーブオイルを熱し、ぱちぱちと油から音がしてきたら「シャウエッセン」を加えて炒める。表面が少し色づいたら玉ねぎを加えて塩（材料外）を軽くふり、さらに炒める。

\ POINT /

具材を炒めた際に鍋肌がうっすら焦げつくため、ゆで汁でこそげ落とす。

4 パスタがゆで上がる2分前（5分40秒時点）になったら **2** のゆで汁を少量すくい、**3** のフライパンに入れる。フライパンの鍋肌についた焦げをこのゆで汁でこそげ落とし、汁を煮詰めていく。

5 パスタがゆで上がったら（この時点では少し硬めがよい）、ザルなどに上げてから **4** のフライパンに入れる。パスタにフライパンの煮汁を吸わせるようにして混ぜる。バターを加え混ぜ、火を止める。パルミジャーノ、イタリアンパセリ、E.V.オリーブオイルを入れ、フライパンをあおる。

6 全体がよく合わさったら器に盛りつけて完成！　お好みで黒コショウ（材料外）をかける。

ワンパンで作るのとは一味違う、「シャウエッセン」が主役のペペロンチーノ!

調味料はほぼ塩のみとシンプルながら、具材をしっかりと炒めて玉ねぎの甘みや「シャウエッセン」の旨みを引き出したことで、奥行きのある味わいに仕上がります。ソーセージの代わりにベーコンを使っても◎。燻製香のある食材を使うことで、香り高く仕上がります。

ガリたまパスタ

材料（1人前）

パスタ（スパゲッティーニ1.7mm） 100g
ピュアオリーブオイル　20g
ニンニク　3片
タカノツメ（輪切り）　適量
めんつゆ（3倍濃縮）　15g
全卵　1個
バター（無塩）　5g
E.V.オリーブオイル　5g

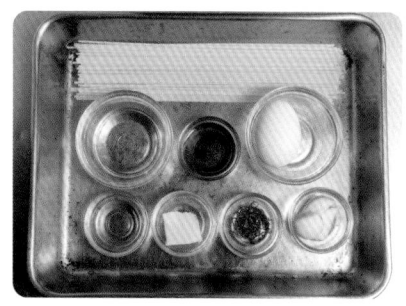

作り方

1　フライパンにピュアオリーブオイルを引いて細かいみじん切りにしたニンニクと、タカノツメを炒める。

2　鍋にたっぷりのお湯と1%量の塩（ともに材料外）を入れて火にかけ、沸いたらパスタを入れて8分間ゆでる。

3　**1**のニンニクが色づいてきたら**2**のゆで汁を70g程度と、めんつゆを加える。卵を割り、よく溶いてコシを切る。

4　パスタがゆで上がったら、ザルなどに上げてから**3**のフライパンに入れ、混ぜる。すぐにバターを加え、さらによく混ぜる。全体がよく合わさったら火を止め、卵を加えて混ぜる。

5　全体がよく合わさったらE.V.オリーブオイルをまわしかけ、フライパンをあおる。器に盛りつけて完成！　お好みで黒コショウ（材料外）をふる。

\ POINT /

卵は、火を止めてから加える。余熱でゆっくり火を通すのがコツ。

TOBA'S VOICE

親子丼の味わいに
ニンニクの香りが加われば、
無敵の愛されパスタに！

めんつゆと卵は、いわば「親子丼」でおなじみの組み合わせです。長年愛されてきた味わい
に、ニンニクの香りやタカノツメの辛味が足されたら、おいしくないわけがない！ タカノツメを抜け
ば、お子さまにも喜ばれること間違いなしのレシピです。

くたくたブロッコリーのパスタ

材料（1人前）

パスタ（スパゲッティーニ1.7mm）　100g
ブロッコリー　80g
ニンニク　2片
タカノツメ（輪切り）　適量
ピュアオリーブオイル　20g
アンチョビ（フィレ）　2枚
ドライトマト　5g
E.V.オリーブオイル　15g

\ POINT /

ブロッコリーは短いゆで時間でくたくたにするため小さめにカット。

\ POINT /

アンチョビは加熱しすぎると焦げてしまうため、火元から距離を出す。

\ POINT /

ブロッコリーは食感がなくなるぐらいまでつぶしてソースの一部に。

作り方

1　ブロッコリーを一口大よりもひと回り小さいサイズにカットする。ニンニクを細かいみじん切りにする。

2　鍋にたっぷりのお湯と1%量の塩（ともに材料外）を入れて火にかけ、沸いたらブロッコリーを入れる。2分後にパスタを入れて7分間ゆでる。

3　フライパンをガスコンロの五徳の凹凸を利用して斜めに傾斜をつけて置く。奥を高く、手前を低くし、手前側にニンニクとタカノツメ、ピュアオリーブオイルを、奥側にアンチョビを入れ、弱火でじっくりと加熱する。アンチョビの油が溶けて形が崩れ、ニンニクが軽く色づいてきたらドライトマトを加え、アンチョビと合わせて全体をなじませる。

4　2のゆで汁を90g程度すくい、3のフライパンに入れる。フライパンの鍋肌についた焦げをこのゆで汁でこそげ落とし、汁を煮詰めていく。

5　パスタがゆで上がったら（この時点では少し硬めがよい）、ブロッコリーとともにザルなどに上げてから4のフライパンに入れる。パスタにフライパンの煮汁を吸わせるようにして混ぜる。さらにゴムベラやフォークなどでブロッコリーをつぶしながら、全体を混ぜる。

6　全体がよく合わさったらE.V.オリーブオイルをまわしかけ、火を止める。器に盛りつけて完成!

TOBA'S VOICE

ブロッコリーをソースに。
シンプルながら、いくらでもイケる味！

ブロッコリーをくたくたになるまで煮込むパスタソースは、イタリア・プーリア州発祥で「プリエー
ゼ」と呼ばれ親しまれています。シンプルながらも滋味深く、いくらでも食べられてしまいそう。
ブロッコリーの歯ごたえがなくなるまでゆで、最後につぶすのがポイント。

アンチョビのスパゲッティ

材料（1人前）

パスタ（スパゲッティーニ1.7mm）100g
ニンニク　2片
イタリアンパセリ　適量
ピュアオリーブオイル　20g
アンチョビ（フィレ）　2枚
パルミジャーノ（削りおろし）　5g
E.V.オリーブオイル　20g

作り方

1　ニンニクを細かいみじん切りにする。イタリアンパセリを軸ごと細かくきざむ。

2　鍋にたっぷりのお湯と1%量の塩（ともに材料外）を入れて火にかけ、沸いたらパスタを入れて8分間ゆでる。

3　フライパンをガスコンロの五徳の凹凸を利用して斜めに傾斜をつけて置く。奥を高く、手前を低くし、手前側にニンニクとピュアオリーブオイルを、奥側にアンチョビを入れ、弱火でじっくりと加熱する。アンチョビの油が溶けて形が崩れ、ニンニクが軽く色づいてきたら合わせて全体をなじませる。

4　2のゆで汁を90g程度すくい、3のフライパンに入れる。フライパンの鍋肌についた焦げをこのゆで汁でこそげ落とし、汁を煮詰めていく。

5　パスタがゆで上がったら、ザルなどに上げてから4のフライパンに入れる。イタリアンパセリを加え、フライパンをあおる。パスタにフライパンの煮汁を吸わせるようにして混ぜ、火を止めてパルミジャーノの2/3量を加えて混ぜる。

6　全体がよく合わさったらE.V.オリーブオイルをまわしかけ、器に盛りつける。仕上げに残りのパルミジャーノを上からかけて完成！

\ POINT /

フライパン内に高低差を作って熱の伝わり方をコントロール。

シンプルだから、汎用性も抜群！
お好みの具材をプラスしても◎

味つけはパスタのゆで汁と、アンチョビの塩気のみ。アンチョビの尖った塩味を和らげるために、最後にE.V.オリーブオイルとパルミジャーノを加えて、油分で「丸さ」を出しています。パスタの小麦の風味とソースの風味がダイレクトに味わえる、"通好み"の一品です。

ふつうのボンゴレビアンコ

オイルベース

材料（1人前）

パスタ（スパゲッティーニ1.7mm）100g
アサリ　350g
ピュアオリーブオイル　20g
ニンニク　2片
イタリアンパセリ　適量
塩　適量
E.V.オリーブオイル　20g

\ POINT /

アサリは状態が悪いと下
水のようなにおいを発する
ため、必ずチェック!

\ POINT /

アサリの殻が割れないよ
う、フライパンはあおらな
いのが鉄則!

\ POINT /

このぐらい煮汁が残ってい
る状態で、オイルを加える
と乳化しやすい。

作り方

1　アサリをしっかり洗い、一つずつにおいを嗅いで、状態の悪いもの
がなさそうか確認する。塩分濃度3%の塩水（材料外）で2時間砂
抜きする。

2　鍋にたっぷりのお湯と1%量の塩（ともに材料外）を入れて火にか
け、沸いたらパスタを入れて7分間ゆでる。

3　フライパンにピュアオリーブオイル、みじん切りにしたニンニクを入れ
て強火にかけ、ぱちぱちと音がしてきたら弱火に落としてオイルにニ
ンニクの香りを移していく。ニンニクが色づいてきたらアサリを入れ
て強火にし、80g程度の水（材料外）を加えて蓋をする。

4　シャーシャーと殻が開く音がしてきたら蓋を開け、弱火に落として汁
を煮詰めていく。この間にイタリアンパセリを軸ごと細かくきざむ。

5　パスタがゆで上がったら（この時点では少し硬めがよい）、ザルなど
に上げてから 4 のフライパンに入れる。菜箸などで全体を混ぜ、パ
スタに煮汁を吸わせる。味を見て、足りなければ塩をふる。

6　全体がよく合わさったらイタリアンパセリを加えて混ぜ、E.V.オリーブ
オイルをまわしかけ、さらに混ぜて乳化させて火を止める。器に盛り
つけて完成!

旬の時季には必ず作りたい！
間違いなしのレシピです

オイル系パスタの花形、ボンゴレビアンコも、作り方さえ覚えれば日常メニューに仲間入り。調味料は塩のみですが、この工程通りに作り、高品質のE.V.オリーブオイルとフレッシュのイタリアンパセリさえ揃えれば、レストランクオリティの味に仕上がります。

きのこのアーリオ・オーリオ

材料（1人前）

パスタ（スパゲッティーニ1.7mm）100g
きのこ　80g
　└椎茸、しめじ、舞茸、マッシュルーム
タカノツメ（ホール）　適量
イタリアンパセリ　適量
ピュアオリーブオイル　20g
ニンニク　2片
バター（無塩）　10g
E.V.オリーブオイル　20g

作り方

1 マッシュルームをスライスし、それ以外のきのこをすべて手でさく。タカノツメは種を抜く。イタリアンパセリを軸ごと細かくきざむ。

2 鍋にたっぷりのお湯と1%量の塩（ともに材料外）を入れて火にかけ、沸いたらパスタを入れて8分間ゆでる。

＼ POINT ／

一度きのこに吸われたオイルが、時間が経つとこのように流れ出てくる。

3 フライパンにピュアオリーブオイルを引いてみじん切りにしたニンニクと、タカノツメを炒める。ニンニクに軽く色がつきはじめたらきのこをすべて加える。一度きのこがオイルを吸い、さらに時間が経つと再び油分と旨みの詰まったエキスがきのこから出てくる。油分が出てきたタイミングでイタリアンパセリと **2** のゆで汁を90g程度加える。

4 パスタがゆで上がったら、ザルなどに上げてから **3** のフライパンに入れ、混ぜる。水分が多少残っている状態で、バターを加えて混ぜる。

＼ POINT ／

このぐらい水分量がある状態でバターを加えると乳化しやすい！

5 全体がよく合わさったらE.V.オリーブオイルをまわしかけ、フライパンをあおる。火を止め、器に盛りつけて完成！ お好みで黒コショウ（材料外）をふる。

きのこの豊かな香りと旨みが主役の一品！

きのこを数種類使うことで、複雑な香りと豊かな旨みが生まれるパスタです。きのこは手でさくことで、断面が不均一になってきのこの味がソースに出やすくなり、またソースの味がきのこに浸透しやすくなります。香り豊かなものであれば、他のきのこを使ってもOK。

基本の！トマトソースパスタ

材料（1人前）

パスタ（スパゲッティーニ1.7mm） 100g
ニンニク 1片
バジル 2枚
ピュアオリーブオイル 15g
自家製トマトソース（62頁） 120g
塩 少量
バター（無塩） 5g
E.V.オリーブオイル 10g
パルミジャーノ（削りおろし） 5g

作り方

1 ニンニクを細かいみじん切りにする。バジルを葉と茎に分け、葉を適当な大きさに切る。

POINT

バジルの茎からも香りや風味が出る。これを油に移してソースに生かす！

2 フライパンにピュアオリーブオイル、ニンニクを入れて強火にかけ、ぱちぱちと音がしてきたら弱火に落としてオイルにニンニクの香りを移していく。ニンニクが軽く色づいてきたら **1** のバジルの茎を入れて香りを移す。香りが出てきたら自家製トマトソースを加え、茎をフライパンから取り除く。

3 鍋にたっぷりのお湯と1%量の塩（ともに材料外）を入れて火にかけ、沸いたらパスタを入れて7分間ゆでる。この間 **2** のフライパンでトマトソースを軽く煮詰めていき、適宜濃度を見ながら水（材料外）を足し、必要であれば塩を足す。

POINT

トマトソースの味を見て、甘みが足りなければハチミツを加えてもよい。

4 パスタがゆで上がったらザルなどに上げ、**3** のトマトソースの中に移す。**1** のバジルの葉とバター、E.V.オリーブオイル、パルミジャーノを加え、フライパンをさっとあおって全体をなじませる。

5 火を止め、器に盛りつけたら完成！

ベーシックなトマトソースパスタ。
これさえ覚えておけば、
どんな変化球も投げられる！

ベーシックなトマトソースパスタ。この手順さえ覚えておけば、好きな具材を足したり、味変させたりと、自分の好みでいかようにもアレンジできます。ポイントはフレッシュバジルの葉と茎の両方を使って、香りを移すこと。これによって、本格的な仕上がりになります。

アマトリチャーナ

材料（1人前）

パスタ（スパゲッティーニ1.7mm）100g
玉ねぎ　40g
ブロックベーコン　90g
ピュアオリーブオイル　15g
塩　少量
タカノツメ（輪切り）　ひとつまみ
水　50g
自家製トマトソース（62頁）80g
バター（無塩）5g
パルミジャーノ（削りおろし）35g

作り方

1 玉ねぎを繊維に対して垂直の向きに薄切りにする。ブロックベーコンを5mmの厚さにカットし、さらに5mm幅の棒状に切る。

POINT

鍋底についた焦げは、旨みに変わる。水でこそいでソースに生かす！

2 鍋にピュアオリーブオイルを熱し、ベーコンを炒める。シャーシャーと脂が焼ける音がしてきたら玉ねぎを加え、軽く塩をふって弱火でしんなりするまで炒める。

3 玉ねぎがしんなりしてきたらタカノツメを加える。玉ねぎがさらにくたっとしたら具材を鍋の端に寄せ、水を加えて木ベラなどで鍋底の焦げをこそげ取る。自家製トマトソースを加える。

4 別鍋にたっぷりのお湯と1%量の塩（ともに材料外）を入れて火にかけ、沸いたらパスタを入れて7分間ゆでる。この間 **3** の鍋でトマトソースをじっくりと煮詰めていき、適宜味を見ながら、必要であれば塩を足す。

POINT

パスタを加える前のソースは、このぐらいの水分量を残しておく。

5 パスタがゆで上がったらザルなどに上げ、**4** のトマトソースの中に移す。

6 1分間ほどソースの中でパスタを煮たら、バターを加えて混ぜる。火を止め、パルミジャーノ30g程度を加える。器に盛りつけ、上から残りのパルミジャーノをかけたら完成！

タカノツメを入れなければ、 お子さまも大喜びの味に仕上がります！

イタリア・ローマ発祥のトマトソースパスタ、アマトリチャーナ。厳密には豚頬肉の塩漬けと羊乳のチーズを使いますが、ここではベーコンとパルミジャーノで代用。トマトソースを煮詰めることで、甘みと旨みが凝縮します。タカノツメを抜けば、お子さまも大好きな味に。

レモンの香りのトマトソースパスタ

材料（1人前）

パスタ（スパゲッティーニ1.7mm）100g
ニンニク　1片
レモンの皮　適量
ピュアオリーブオイル　10g
タカノツメ（輪切り）　ひとつまみ
自家製トマトソース（62頁）　90g
E.V.オリーブオイル　10g
パルミジャーノ（削りおろし）　適量

作り方

1　ニンニクを細かいみじん切りにする。レモンの皮から白いワタの部分を取り除き、細切りにする。

2　フライパンにピュアオリーブオイルを熱し、ニンニクを炒める。軽く色づいてきたらタカノツメと自家製トマトソースを加える。濃度が高ければこのタイミングで水（材料外）を少量足してのばし、煮詰める。

3　鍋にたっぷりのお湯と1%量の塩（ともに材料外）を入れて火にかけ、沸いたらパスタを入れて7分間ゆでる。

4　パスタがゆで上がったらザルなどに上げ、2のトマトソースの中に移す。中火で加熱しながらさっと和え、E.V.オリーブオイルをまわしかけてさらに混ぜる。

5　火を止め、パルミジャーノと1のレモンの皮の一部を加え混ぜる。器に盛りつけ、仕上げに残りのレモンの皮を上にのせて完成！

\ POINT /

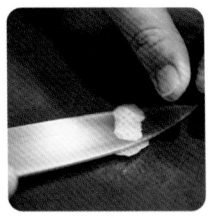

レモンの皮の白いワタは、苦味やえぐみの元となるため取り除く！

\ POINT /

パスタを加える際、ソースにこのぐらいの水分量があるのが理想的。

レモンの皮さえあれば、
普通のトマトソースもレストラン風に！

いつものトマトソースパスタにレモンの皮を加えるだけで、ワンランク上の味に仕上がります。コツはレモンの皮をごく薄く、細くカットすること、トマトソースの濃度に気を配ること。煮詰まりすぎたら適宜水を足し、理想的な水分量を目指しましょう。

ナポリタンを超えたナポリタン

材料（1人前）

パスタ（スパゲッティーニ1.7mm）100g　生クリーム　15g
マッシュルーム　3個
ピーマン　1/2個
玉ねぎ　1/4個
ソーセージ　4本
ピュアオリーブオイル　10g
塩　ひとつまみ
ケチャップ　20g
仕上げ
ケチャップ　20g
バター（無塩）　10g

作り方

1　マッシュルームをスライスにし、ピーマンを縦に、繊維に沿って細切りにする。玉ねぎを繊維に沿って細切りにする。ソーセージを斜めのそぎ切りにする。

2　鍋にたっぷりのお湯と1%量の塩（ともに材料外）を入れて火にかけ、沸いたらパスタを入れて8分間ゆでる。

3　フライパンにピュアオリーブオイルを引き、ソーセージを炒める。香りが立ってきたら玉ねぎ、マッシュルームを加え、軽く塩をふる。具材に油がまわり、玉ねぎの硬さがまだ残っているくらいのタイミングでピーマンを加え、さらに炒める。

4　全体に油がまわったらケチャップを加える。この時、ケチャップ自体に火を入れて酸味を飛ばし、香ばしさを出すためにフライパンの鍋肌に直接落とすとよい。火を止め、全体を混ぜ合わせる。

5　パスタがゆで上がったら、ザルなどに上げてから **4** のフライパンに入れ、火をつける。全体を混ぜてなじませたら、仕上げのケチャップを加え、さらに混ぜる。

6　全体がよく合わさったらバター、生クリームを加え混ぜ、よくなじんだら火を止め、器に盛りつけて完成！ お好みで黒コショウや粉チーズ（ともに材料外）をかけて味わう。

\ POINT /

ケチャップは具材の上でなく、鍋肌に直接落として香りを立たせる!

誰もが知るナポリタンの、さらにワンランク上を行く味に！

このレシピで作るナポリタンは、味が間違いないのはもちろんのこと、パスタがしっとり仕上がるのが特徴。これは最後に加えるバターと生クリームが保湿の役割を果たしてくれるため。野菜はシャキシャキとした食感を残すべく、加熱しすぎに注意しましょう。

ふつうのプッタネスカ

材料（1人前）

パスタ（スパゲッティーニ1.7mm）100g　パルミジャーノ（削りおろし）　適量
ニンニク　1片
ケッパー（酢漬け）　8g
グリーンオリーブ　12g
ミックスハーブ　適量
　└ディル、イタリアンパセリ
ピュアオリーブオイル　15g
アンチョビ（フィレ）　1枚
自家製トマトソース（62頁）　75g
タカノツメ（輪切り）　ひとつまみ
E.V.オリーブオイル　10g

作り方

＼ POINT ／

ハーブは数種類組み合わせることで、香りに奥行きが生まれる！

＼ POINT ／

本来プッタネスカにチーズは入れないが、コク出しのため少量をプラス。

1　ニンニクを細かいみじん切りにする。ケッパーをみじん切りに、グリーンオリーブ（ブラックでもよい）は粗みじん切りにする。ミックスハーブを細かくきざむ。

2　鍋にたっぷりのお湯と1%量の塩（ともに材料外）を入れて火にかけ、沸いたらパスタを入れて7分間ゆでる。

3　フライパンをガスコンロの五徳の凹凸を利用して斜めに傾斜をつけて置く。奥を高く、手前を低くし、手前側にニンニクとピュアオリーブオイルを、奥側にアンチョビを入れ、弱火でじっくりと加熱する。アンチョビの油が溶けて形が崩れ、ニンニクが軽く色づいてきたら、ヘラなどで合わせて全体をなじませる。

4　全体がよく合わさったら1のケッパーとグリーンオリーブを加え、さらに炒める。なじんだら自家製トマトソースと、少量の水（材料外）を加え混ぜる。タカノツメを加え混ぜ、ソースを煮詰める。

5　パスタがゆで上がったらザルなどに上げてから、4のフライパンに入れる。1のミックスハーブを加え混ぜる。E.V.オリーブオイルを加えてフライパンをあおる。

6　火を止め、パルミジャーノを加え混ぜる。器に盛りつけたら完成！

ケッパーやオリーブ、ハーブが織りなす
複雑な旨みと香りがたまらない！

トマトソースパスタの定番の一つ、プッタネスカ。本来、オリーブもケッパーもここまで細かくはき
ざみませんが、こうすることで、よりトマトソースとよくなじんで重層的な旨みが生まれます。ハー
ブも複数種類を使うことで、香りにも複雑さが出るためおすすめです！

サバ缶トマトソースパスタ

材料（1人前）

パスタ（スパゲッティーニ1.7mm）100g　黒コショウ　少量
ニンニク　1片
ケッパー（酢漬け）　15g
ミックスハーブ　適量
　└ディル、イタリアンパセリ
ピュアオリーブオイル　15g
サバの水煮（缶詰）　50g
自家製トマトソース（62頁）　80g
タカノツメ（輪切り）　適量
塩　適量
E.V.オリーブオイル　10g

作り方

1　ニンニクとケッパーを、それぞれ細かいみじん切りにする。ミックスハーブをすべて細かくきざむ。

2　鍋にたっぷりのお湯と1%量の塩（ともに材料外）を入れて火にかけ、沸いたらパスタを入れて7分間ゆでる。

3　フライパンにピュアオリーブオイルを引いてニンニクを炒める。ニンニクに軽く色がついたらケッパーを加え、水気を切ったサバの水煮を加えて炒める。ゴムベラなどでサバをほぐし、表面を鍋肌に当てるようにつぶしながら炒める。これによってサバの生臭さを飛ばし、香ばしさを出す。

4　サバに焼き色がついたら、自家製トマトソースとタカノツメを加えてヘラで混ぜながら加熱する。水（材料外）を少量加え、弱火で煮詰めてソースにする。味を見て塩を加える。

5　パスタがゆで上がったら、ザルなどに上げてから **4** のフライパンに入れ、ミックスハーブを加える。E.V.オリーブオイルを加えて混ぜる。

6　全体がよく合わさったら火を止め、器に盛りつけて黒コショウをふり、完成！

\ POINT /

ケッパーは味の主張が
強いため、細かくきざんで
ソースに煮溶かす！

\ POINT /

水を足してこのくらいの水
分量になるのが理想的。

サバ缶がなければ、
ツナ缶でも同じように作れます！

自家製のトマトソースをベースにしながら、ケッパーやサバ缶、ミックスハーブを加えることで、複雑な酸味や旨み、香りを引き出した一品。食べ飽きることのない、重層的な風味がクセになること間違いなし。サバ缶が家になければツナ缶でも同じ要領で作れます。

柚子胡椒のクリームペンネ

材料（1人前）

ショートパスタ（ペンネ）　70g
生クリーム　100g
牛乳　20g
柚子胡椒　5g
塩　適量
バター（無塩）　10g
パルミジャーノ（削りおろし）　適量
黒コショウ　適量

作り方

1　鍋にたっぷりのお湯と1%量の塩（ともに材料外）を入れて火にかけ、沸いたらパスタを入れて10分30秒間ゆでる。

2　フライパンに生クリームと牛乳を入れて火にかける。この時、外側が焦げやすくなるため、絶えずゴムベラなどで混ぜながら加熱する。

3　沸騰したら火を止め、柚子胡椒を加え混ぜる。味を見て、必要であれば軽く塩をふる。

4　パスタがゆで上がったら（この時点では少し硬めがよい）、ザルなどに上げてから 3 のフライパンに入れて加熱する。バターを加え混ぜ、バターが溶けたらパルミジャーノを加える。火を止めて軽く混ぜる。

5　全体がよく合わさったら器に盛りつけ、黒コショウをふって完成!

\ POINT /

外側から火が入り、焦げたり膜が張りやすくなるため、混ぜながら加熱。

柚子胡椒がアクセントとなって、食べ飽きないクリームパスタに！

生クリームと牛乳に柚子胡椒をプラスするだけで、味がキリッと引き締まった、いつもとは一味
違うクリームパスタに様変わり。エビや鶏肉など、お好みの具材を使ってもおいしく作れます。
ポイントは、クリームを煮詰めすぎずに、軽やかな口当たりに仕上げること。

YouTubeで大ヒット！ 無限パスタ2

和風ベース

材料（1人前）

パスタ（スパゲッティーニ1.7mm）　100g
サラダ油　20g
全卵　2個
めんつゆ（5倍濃縮）　5g
バター（無塩）　20g
塩昆布　3g
粉チーズ　10g
黒コショウ　適量

作り方

1 鍋にたっぷりのお湯と1％量の塩（ともに材料外）を入れて火にかけ、沸いたらパスタを入れて8分間ゆでる。

\ POINT /

目玉焼きは蓋をせずに作ると、黄身が綺麗な黄色に仕上がる！

2 フライパンを中火で熱してサラダ油を引き、卵2個を割り入れて、目玉焼きを作る。黄身が半熟状になったら一つはバットなどに取り出しておく。もう一つは裏返し、両面に焼き色がついて黄身が固まったら火を止め、粗熱を取ってからまな板にのせる。

3 2の両面焼きのほうを包丁で一口大にきざむ。

4 ボウルにめんつゆ、バター、塩昆布と、粉チーズの半量を合わせ、3を加える。

\ POINT /

目玉焼きを作ったら、あとはボウルでパスタや調味料と合わせるだけ。

5 パスタがゆで上がったら、ザルなどに上げてから40gのゆで汁とともに4のボウルに入れて混ぜる。

6 全体がよく合わさったら器に盛りつけ、2で取り置いた半熟の目玉焼きをのせ、残り半量の粉チーズをかける。黒コショウをかけて完成！

これはうますぎて、
無限に食べ続けられる
「無限パスタ」！

主に卵やチーズのみで作ることができるため、イタリアの家庭では「貧乏人のパスタ」と呼ば
れ、親しまれているパスタレシピ。ここではめんつゆと塩昆布を使って日本風にアレンジ。無限
に食べ続けられるほどおいしいので、僕は「無限パスタ」と呼んでいます！

ベーコン、タマゴ、ホーレンソーのパスタ

材料（1人前）

パスタ（スパゲッティーニ1.7mm）100g
ニンニク　1片
ほうれん草　100g
ブロックベーコン　80g
ピュアオリーブオイル　20g
昆布茶（顆粒）　5g
全卵　2個
バター（無塩）　5g
醤油　10g

作り方

POINT

昆布茶は「旨み」要員。なければ「味の素®」と塩などで代用可能!

POINT

卵に火が入りすぎると食感が悪くなるため、半生の状態で火を止める。

1 ニンニクを細かいみじん切りにする。ほうれん草を食べやすい大きさにカットする。ブロックベーコンは薄めの板状に切ってから、約1cm幅の棒状にカットする。

2 鍋にたっぷりのお湯と1%量の塩（ともに材料外）を入れて火にかけ、沸いたらパスタを入れて8分間ゆでる。

3 フライパンにピュアオリーブオイルを引いてベーコンを炒める。香りが出てきたらニンニクを加え、ニンニクに軽く色がついたらほうれん草も加えて炒める。ほうれん草に油がまわったら昆布茶を加える。

4 全体が合わさったら、よく溶いた卵を加え、ざっと混ぜる。卵が半生の状態で火を止める。

5 パスタがゆで上がったら、ザルなどに上げてから 4 のフライパンに入れ、再び火をつける。バターと醤油を加え、フライパンをあおる。

6 全体がよく合わさったら火を止め、器に盛りつけて完成! お好みで粉チーズや黒コショウ（ともに材料外）をかける。

TOBA'S VOICE

僕の大好きなパスタ専門店「SPAGO」さんへのオマージュを込めたレシピ！

僕が足繁く通う、東京・北参道のパスタ専門店「SPAGO」さんの人気メニュー、「ベーコンとタマゴとホーレンソー」へのオマージュで、僕なりにアレンジを試みたレシピです。冷蔵庫のスタメンで作れちゃう手軽さとボリューム感、そして安心感のあるおいしさが魅力の一品。

ホタテめんつゆバターパスタ

和風ベース

材料（1人前）

パスタ（スパゲッティーニ1.7mm） 100g
めんつゆ（3倍濃縮） 10g
バター（無塩） 10g
塩昆布 5g
ピュアオリーブオイル 10g
ホタテ（貝柱） 3粒
粉チーズ 10g

作り方

1 鍋にたっぷりのお湯と1%量の塩（ともに材料外）を入れて火にか
け、沸いたらパスタを入れて8分間ゆでる。ボウルにめんつゆとバ
ター、塩昆布を合わせる。

2 フライパンにピュアオリーブオイルを熱し、強火でホタテを加熱する。
表面に焼き色がついたら裏返し、反対側も同様に焼く。表面には
焼き色がつき、中はレアの状態でバットなどに取り出す。

\ POINT /

具材はボウルに合わせて
おくだけ。混ぜるのはパ
スタを加えてからでOK!

3 2のホタテの身を食べやすい大きさに手でほぐして1のボウルに入
れる。

4 パスタがゆで上がったら、ザルなどに上げてから3のボウルに入れ、
混ぜる。この時、少量のゆで汁も一緒に加える。全体がよく合わさ
り、バターが溶けたら粉チーズを加え混ぜる。

5 全体がよく合わさったら器に盛りつけて完成! お好みで細かくきざ
んだ万能ネギを散らし、七味（ともに材料外）をふりかける。

めんつゆと塩昆布が
味の決め手。
王道・和風スパゲッティ!

ホタテさえあればおいしく仕上がる、包丁要らずのとっても手軽なパスタです。めんつゆと塩昆布が味の決め手となる和風パスタなので、仕上げにかけるスパイスも、黒コショウより七味のほうがよく合います。ホタテ以外に、エビやイカなどでもおいしく作れます!

豚バラときのこ、柚子胡椒のパスタ

和風ベース

材料（1人前）

パスタ（スパゲッティーニ1.7mm）100g　炒りゴマ　適量
ニンニク　1片
きのこ　80g
　└舞茸、しめじ
長ネギ　20g
万能ネギ　適量
豚バラ肉（薄切り）80g
ピュアオリーブオイル　10g
塩　適量
柚子胡椒　2g
E.V.オリーブオイル　15g

作り方

＼ POINT ／

具材からこのくらい水分が出てきたら、柚子胡椒と長ネギを加える合図。

＼ POINT ／

仕上げのE.V.オリーブオイルをゴマ油に変えても相性抜群!

1　ニンニクを細かいみじん切りにする。きのこを食べやすい大きさに手でさく。長ネギを斜めにそぎ切りに、万能ネギを小口切りにする。豚バラ肉を一口大にカットする。

2　鍋にたっぷりのお湯と1%量の塩（ともに材料外）を入れて火にかけ、沸いたらパスタを入れて7分30秒間ゆでる。

3　フライパンにピュアオリーブオイル、ニンニクを入れて強火にかけ、ぱちぱちと音がしてきたら弱火に落としてオイルにニンニクの香りを移していく。ニンニクが軽く色づいてきたら1の豚バラ肉を一枚ずつ入れる。きのこを肉の上にのせ、軽く塩をふる。

4　肉の色が変わってきたらヘラなどで混ぜる。時間が経つと水分が出てくるため、そのタイミングで柚子胡椒と長ネギを加え混ぜ、パスタのゆで汁を80g程度加える。

5　パスタがゆで上がったらザルなどに上げ、4のフライパンに移す。全体をよく混ぜ、E.V.オリーブオイルをまわしかけて火を止める。

6　器に盛りつけ、万能ネギと炒りゴマを散らして完成!

パスタにもめちゃくちゃ合う！
鍋定番の和食材を使ったレシピ

豚バラ肉と長ネギ、そして柚子胡椒という、鍋で活躍する和の定番食材や定番調味料は、実はパスタにもよく合います。仕上げのE.V.オリーブオイルをゴマ油に変えてもおいしいのでおすすめ。オーソドックスなパスタに飽きたら、こんな変化球にも挑戦してみてください。

自家製ジェノベーゼペースト

ほうれん草の力を借りて、
鮮やかで濃いグリーンに！

色鮮やかなグリーンを作る秘訣は、バジルだけでなく、葉緑素を豊富に含むほうれん草を使うこと。ここにセルフィーユも加えることで、さわやかな香りに仕上がります。加熱によって褪色しやすくなるため、料理に使う際は加熱時間を最小限にとどめましょう。

材料（7人前）

フレッシュバジル　90g
セルフィーユ　2g
イタリアンパセリ　2g
ほうれん草（ゆでたもの）10g
ピュアオリーブオイル　110g
アンチョビ（フィレ）2g
松の実　16g

作り方

1 フレッシュバジルの茎を取り除く。葉だけを集めてスタンドミキサーに入れる。

2 セルフィーユの太い茎をはずし、細かい葉のみを1のミキサーに加える。

3 イタリアンパセリ、ゆでたほうれん草、ピュアオリーブオイル、アンチョビ、松の実を2に加え、撹拌する。

4 全体がペースト状になったら完成！ 5日以内に消費する。

\ POINT /

太い茎が入ると色が濁りやすくなるため、ここでは使わない。

Lesson 3

ここぞ！の勝負の日に作りたい
お店の味

レストランパスタ

サルシッチャとファルファッレ

材料（1人前）

ショートパスタ（ファルファッレ）70g　黒コショウ　適量
ニンニク　1片
ローズマリー　適量
イタリアンパセリ　適量
ブロッコリー　2房
豚ひき肉　60g
塩　適量
ピュアオリーブオイル　20g
バター（無塩）　15g
E.V.オリーブオイル　10g
パルミジャーノ（削りおろし）　5g

作り方

POINT

本来サルシッチャは腸詰めにするが、ここではミートボール風に。

POINT

ニンニクは後から投入。先に入れると肉を加熱する間に焦げるため。

1　鍋にたっぷりのお湯と1%量の塩（ともに材料外）を入れて火にかけ、沸いたらパスタを入れて12分間ゆでる。

2　ニンニクを細かいみじん切りにする。ローズマリーとイタリアンパセリをそれぞれ細かくきざむ。ブロッコリーを小さな一口大にカットする。

3　ボウルに豚ひき肉を入れ、2のニンニクの半量とローズマリーの半量を合わせ、塩を加えて手でこねる。

4　フライパンにピュアオリーブオイルを熱する。3をスプーンで一口大の球状に取り、フライパンで加熱する。片面に焼き色がついてきたら裏返し、反対側も同じように焼き色がつくまで焼いていく。両面に焼き色がついたら2のニンニクの残りを加え、香りが出るまでさらに炒めて中まで火を通す。

5　ニンニクの香りが立ってきたら1のパスタのゆで汁を60g程度加え、2のブロッコリーを入れて加熱する。

6　パスタがゆで上がったら、ザルなどに上げてから5のフライパンに入れる。2のローズマリーの残りとイタリアンパセリを加え混ぜ、バター、E.V.オリーブオイルを加えてフライパンをあおる。火を止め、パルミジャーノをかけたら、器に盛りつけ、黒コショウをふって完成！

ハーブの香りでいくらでも食べ進められちゃう、
見た目も可愛い一品!

肉やハーブの腸詰め「サルシッチャ」。ご家庭ではなかなか再現できないので、ここではサル
シッチャの風味をイメージしてミートボール風に仕立てました。リボン状のショートパスタ「ファル
ファッレ」と合わせて香り高い一品に。市販のハーブソーセージでも代用可能です。

カブのパスタ

材料（2人前）

パスタ（スパゲッティーニ1.7mm） 100g
ニンニク　1片
カブ　60g
ピュアオリーブオイル　10g
アンチョビ（フィレ）　2枚
塩　適量
鮎魚醤　3g

作り方

1　ニンニクを細かいみじん切りにする。カブを細めのくし切りにする。

2　鍋にたっぷりのお湯と1%量の塩（ともに材料外）を入れて火にかけ、沸いたらカブとパスタを入れて、カブは10分間、パスタは7分40秒間ゆでる。

3　フライパンをガスコンロの五徳の凹凸を利用して斜めに傾斜をつけて置く。奥を高く、手前を低くし、手前側にニンニクとピュアオリーブオイルを、奥側にアンチョビを入れ、弱火でじっくりと加熱する。アンチョビの油が溶けて形が崩れ、ニンニクが軽く色づいてきたら、ヘラなどで合わせて全体をなじませる。

4　2のゆで汁を90g程度すくい、3のフライパンに入れる。2のカブがゆで上がったらフライパンに加える。フォークの背で、形がなくなるまでカブを押しつぶしていく。塩を軽くふる。

5　パスタがゆで上がったら、ザルなどに上げてから4のフライパンに入れ、和える。

6　全体がよく合わさったら鮎魚醤を加え混ぜ、火を止める。器に盛りつけて完成！

\ POINT /

カブの甘みや旨みをソースに生かすため、形がなくなるまで押しつぶす。

柚子の皮やカラスミを削って
トッピングすると、
一気に高級感もアップ！

具材はカブのみ、それも形がなくなるほどつぶしてソースに、という一見質素にも見える構成ですが、食べるとびっくり。滋味深くも上品な旨みがクセになります。カブの甘みが柔らかい印象を作りつつも、仕上げに加える鮎魚醤のコクが、輪郭を際立たせます。

究極のトマトソースパスタ

材料（2人前）

パスタ（スパゲッティーニ1.7mm） 100g
トマト 1個（90g）
フルーツトマト 1個（50g）
フレッシュバジル 適量
ニンニク 1片
ピュアオリーブオイル 15g
塩 適量
自家製トマトソース（62頁） 100g
E.V.オリーブオイル 15g
パルミジャーノ（削りおろし） 適量

作り方

1 トマトとフルーツトマトのヘタをくり抜き、へそに十字の切り込みを入れる。熱湯にくぐらせた後、氷水に落として湯むきする。横に半割にし、種とゼリー状になっている部分をすべて取り除く。果肉を小角切りにする。フレッシュバジルを適当な大きさにカットする。ニンニクを細かいみじん切りにする。

2 鍋にたっぷりのお湯と1%量の塩（ともに材料外）を入れて火にかけ、沸いたらパスタを入れて7分間ゆでる。

3 フライパンにピュアオリーブオイル、ニンニクを入れて強火にかけ、ぱちぱちと音がしてきたら弱火に落としてオイルにニンニクの香りを移していく。ニンニクが軽く色づいてきたら、**1**のトマトとフルーツトマトを入れ、塩を軽くふって炒める。ゴムベラなどで果肉をつぶしながら、トマトの水分を煮詰めていく。

4 **3**の果肉がつぶれ、なめらかな状態になったら自家製トマトソースを加え混ぜる。全体がなじんだら、火を止める。

5 パスタがゆで上がったら、ザルなどに上げてから**4**のフライパンに入れて中火で加熱する。**1**のフレッシュバジルとE.V.オリーブオイルを加え、フライパンをあおる。全体がよく合わさったら火を止め、パルミジャーノを加え混ぜる。

\ **POINT** /

種は酸味やえぐみの原因になるため、取り除く。

\ **POINT** /

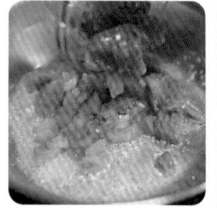

トマトは数種類を使うことで、複雑な香りや旨み、甘みが出る。

いつものトマトソースに一手間加えれば、家庭ではなかなか味わえない一皿に！

桃太郎トマトなどの一般的なトマトとフルーツトマト、そして自家製トマトソースを使った「究極の
トマトソースパスタ」。トマト缶だけでは出せない、トマト本来の甘みや旨み、フレッシュな香りが
生きた一品です。湯むきや種抜きなどのちょっとした手間が違いを生みます。

コンキリエのペスカトーレ

トマトベース

材料（1人前）

ショートパスタ（コンキリエ）　70g
アサリ　170g
ニンニク　1片
イタリアンパセリ　適量
ピュアオリーブオイル　15g
シーフードミックス　70g
自家製トマトソース（62頁）　80g
塩　少量
E.V.オリーブオイル　20g

作り方

1 アサリをしっかり洗い、一つずつにおいを嗅いで、状態の悪いものがなさそうか確認する。塩分濃度3%の塩水（材料外）で2時間砂抜きする。ニンニクを細かいみじん切りにする。イタリアンパセリを軸ごと細かくきざむ。

2 鍋にたっぷりのお湯と1%量の塩（ともに材料外）を入れて火にかけ、沸いたらパスタを入れて12分間ゆでる。

3 フライパンにピュアオリーブオイル、ニンニクを入れて強火にかけ、ぱちぱちと音がしてきたら弱火に落としてオイルにニンニクの香りを移していく。ニンニクが軽く色づいてきたら、シーフードミックスを凍ったまま入れる。シーフードからにじみ出た水分が沸いてきたら、**1**のアサリを加える。水（分量外）を少量加え、蓋をして強火で加熱する。

4 シャーシャーと音がしてきたら殻が開いてきた合図。蓋を開け、アサリのみバットなどに取り出す。残りのシーフードと出た汁は煮詰める。煮汁に濃度がついたら自家製トマトソースを加え混ぜ、味を見て、必要であれば塩を加える。全体がよくなじんだら火を止める。

5 パスタがゆで上がったらフライパンに火をつけ、**4**で取り置いたアサリを戻し入れる。パスタをザルなどに一度上げてから、フライパンに移す。**1**のイタリアンパセリを加え混ぜる。

6 全体がよく合わさったらE.V.オリーブオイルをまわしかけ、火を止める。器に盛りつけて完成！

◢ **POINT** ◣

アサリは殻が開いた後に加熱しすぎると身が縮むため、取り出しておく。

◢ **POINT** ◣

アサリを戻し入れたら、殻が割れるのを防ぐためフライパンはあおらない。

具材をたくさん食べさせるパスタは、実はショートパスタで作るのがおすすめ！

ペスカトーレはスパゲッティなどのロングパスタで味わうのがスタンダードですが、ここではペスカトーレの具材にちなみ、貝の形を模したショートパスタ「コンキリエ」で。シーフードミックスは凍ったまま加熱しはじめて、出てきた水分を煮詰めることでソースのベースにします。

牡蠣のプッタネスカ

材料（2人前）

パスタ（スパゲッティーニ1.7mm）100g　水　適量
ニンニク　2片　　　　　　　　　　E.V.オリーブオイル　適量
ケッパー（酢漬け）　10g
グリーンオリーブ　10g
ミックスハーブ　適量
　└ディル、イタリアンパセリ、セル
フィーユ
ピュアオリーブオイル　15g
アンチョビ（フィレ）　1枚
生牡蠣　3粒（60g）
自家製トマトソース（62頁）　80g

作り方

1 ニンニクを細かいみじん切りにする。ケッパーをみじん切りに、グリーンオリーブ（ブラックでもよい）は粗みじん切りにする。ミックスハーブを細かくきざむ。

2 鍋にたっぷりのお湯と1%量の塩（ともに材料外）を入れて火にかけ、沸いたらパスタを入れて7分30秒間ゆでる。

3 フライパンをガスコンロの五徳の凹凸を利用して斜めに傾斜をつけて置く。奥を高く、手前を低くし、手前側にニンニクとピュアオリーブオイルを、奥側にアンチョビを入れ、弱火でじっくりと加熱する。アンチョビの油が溶けて形が崩れ、ニンニクが軽く色づいてきたら、ヘラなどで合わせて全体をなじませる。

4 全体がよく合わさったら1のケッパーとグリーンオリーブを加え、さらに炒める。ケッパーの香りが立ってきたら生牡蠣を加え、炒める。牡蠣に火が入ってきたら自家製トマトソースと水を加え混ぜる。トマトソースがなじみ、牡蠣にハリが出てきたらバットなどに取り出す。

5 牡蠣の粗熱が取れたら細かくきざみ、4のフライパンに戻し入れる。パスタがゆで上がったら、ザルなどに上げてからフライパンに入れて加熱する。1のミックスハーブの半分を加え混ぜる。E.V.オリーブオイルを加えてフライパンをあおる。

6 全体がよく合わさったら火を止めて器に盛りつけ、仕上げにミックスハーブの残り半分をトッピングして完成！

\ POINT /

ゆで汁ではなく水を加えるのは、牡蠣やオリーブに塩気があるため。

\ POINT /

牡蠣は具材というよりソースの旨み要員。そのため、細かくきざんで投入。

ソースの構成要素が複雑な分、
味の余韻が深くて、めちゃくちゃうまい！

牡蠣の旨みとグリーンオリーブとケッパーの塩気や酸味が一皿の中で見事に融合する、自慢の
レシピ。ミックスハーブの香りも相まって、いい余韻が口の中に残ります。牡蠣を細かくきざむ
ことで、味や食感が苦手という方にとっても食べやすく仕上がっていると思います。

ウニのパスタ

バター・クリームベース

材料（2人前）

パスタ（リングイネ）　70g
生ウニ　30g
バター（無塩）　20g
牡蠣醤油　1g
鮎魚醤　3g

作り方

1 鍋にたっぷりのお湯と1%量の塩（ともに材料外）を入れて火にかけ、沸いたらパスタを入れて10分間ゆでる。

2 ボウルに生ウニ、バター、牡蠣醤油、鮎魚醤を合わせてゴムベラでペースト状になるまでよく混ぜる。

3 パスタがゆで上がったら、ザルなどに上げてから **2** のボウルに入れてよく混ぜる。

4 全体が合わさったら、器に盛りつけて完成！

\ POINT /

ペースト状にするため、バターは事前に常温に戻しておくとよい。

スーパーで買ったウニでも、レストランクラスの味わいに仕上がる!

ウニが主役のシンプルな一品。鮎の魚醤と牡蠣醤油の旨みを少量加えるだけで、スーパーの
ウニを使っても、味がバシッとおいしく決まります。さらに、ウニが持つコクと、バターのコクや
油脂分は、実は方向性が似ているため相性抜群。一体感のある一皿です。

sioのカルボナーラ

材料（2人前）

パスタ（スパゲッティ1.8mm） 80g
パンチェッタ 15g
ピュアオリーブオイル 10g
卵液
パルミジャーノ（削りおろし） 15g
生クリーム 15g
卵黄 1個分
水 10g
白トリュフオイル 2g
黒コショウ 適量
塩 適量

作り方

1 パンチェッタを5mm幅の板状にカットし、さらに細かい棒状にカットする。

2 フライパンにピュアオリーブオイルを熱し、**1**をじっくり炒めて香ばしさを引き出す。

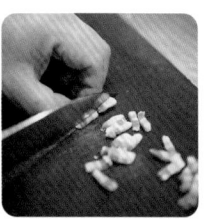

＼ POINT ／

パンチェッタは具材というより、香ばしさと塩味を足す調味料的役割。

3 鍋にたっぷりのお湯と1%量の塩（ともに材料外）を入れて火にかけ、沸いたらパスタを入れて8分間ゆでる。パスタをゆでている間に卵液の材料を混ぜ合わせる。パルミジャーノに生クリームを入れ、卵黄、水、白トリュフオイル、黒コショウを加える。しっかりコシを切るように混ぜ合わせる。

4 **2**のパンチェッタに焼き色がついたら**3**のパスタのゆで汁を60gほど加えて火を止める。

＼ POINT ／

卵液は、火が入りすぎないよう鍋肌に触れさせず、パスタの上にのせる。

5 パスタがゆで上がったらザルなどに上げてから**4**のフライパンに入れ、火をつけずにフライパンをあおって全体をなじませる。**3**の卵液を加え、弱火で加熱する。この時、ゴムベラで混ぜながら火元から離したり、近づけたりをくり返してゆっくり卵液を加熱する。

6 味を見て、必要であれば塩をふる。火を止め、器に盛りつけて完成！

僕といえばカルボナーラ。
作り方のコツ、
すべて教えます！

カルボナーラはお店の味を表現しようと思うと、パンチェッタや白トリュフオイルといったアイテムは欠かせません。これだけで印象が変わります。使うパスタも「テフロンダイスタイプ」を選び、濃度のあるソースでも重くなりすぎないようバランスを図ることがポイントです。

簡単リッチなポルチーニクリームソース

材料（2人前）

パスタ（リングイネ）　80g
乾燥ポルチーニ　5g
水（戻し用）　40g
生クリーム　60g
塩　適量
バター（無塩）　15g
パルミジャーノ（削りおろし）　5g
黒コショウ　適量

作り方

1 乾燥ポルチーニを戻し水に浸けて戻す。ポルチーニが柔らかくなり、水が茶色くなったら取り出して水気を絞り、細かくきざむ。この時の戻し水は後で使うため取り置く。

2 鍋にたっぷりのお湯と1%量の塩（ともに材料外）を入れて火にかけ、沸いたらパスタを入れて10分間ゆでる。

3 フライパンに**1**のポルチーニと戻し水を入れ、火にかける。水分が煮詰まったら生クリームを加え、さらに加熱する。生クリームが沸いたら火を止め、塩を加える。

4 パスタがゆで上がったら、ザルなどに上げてから**3**のフライパンに入れて中火で加熱する。バターを加え混ぜ、バターが溶けたら火を止め、パルミジャーノを加えてさらに混ぜる。器に盛りつけて、黒コショウをふったら完成！

\ POINT /

戻し水がほとんどなくなるぐらい煮詰めてから、生クリームを投入。

めちゃくちゃ簡単なのに、レストランのような高級感のある味わいに！

高級食材ポルチーニも、乾燥品なら比較的、入手しやすい価格でスーパーなどに売られています。乾燥状態から戻す際に使う水も料理に生かすことで、少量でもとっても香り豊かで高級感のある一品に仕上がります。手軽にリッチな味を楽しみたい時はぜひお試しを。

ゴルゴンゾーラペンネ

バター・クリームベース

材料（1人前）

ショートパスタ（ペンネ）　70g
生クリーム　100g
牛乳　20g
ゴルゴンゾーラ（ドルチェ）　40g
塩　適量
バター（無塩）　10g
パルミジャーノ（削りおろし）　適量
黒コショウ　適量

作り方

1　鍋にたっぷりのお湯と1%量の塩（ともに材料外）を入れて火にかけ、沸いたらパスタを入れて11分間ゆでる。

2　フライパンに生クリームと牛乳を入れて火にかける。この時、外側が焦げやすくなるため、絶えずゴムベラなどで混ぜながら加熱する。

3　沸騰したら火を止め、ゴルゴンゾーラをちぎって加え混ぜる。味を見て、必要であれば軽く塩をふる。

4　パスタがゆで上がったら（この時点では少し硬めがよい）、ザルなどに上げてから **3** のフライパンに入れて弱火で加熱する。パスタとソースがなじんだらバターを加え、中火で沸かして全体を混ぜる。バターが溶けたら火を止めてパルミジャーノを加え、軽く混ぜる。

5　全体がよく合わさったら器に盛りつけ、黒コショウをふって完成!

POINT

ゴルゴンゾーラは、青カビが少なめのドルチェ（甘口）タイプをチョイス。

クリームソースの甘みを
十分に引き出すのがポイント。
ワンランク上の味に仕上がります！

「柚子胡椒のクリームペンネ」（90頁参照）の柚子胡椒をゴルゴンゾーラに変えるだけで、ワン
ランク上の味に。仕上げに半熟のゆで卵をのせるのもおすすめです。ゴルゴンゾーラは「ドル
チェ（甘口）」と「ピカンテ（辛口）」があるため、目指す味わいに応じて使い分けましょう。

日本一美しいジェノベーゼ

材料（2人前）

パスタ（リングイネ）　100g
自家製ジェノベーゼペースト（100頁）　35g
生クリーム　20g
塩　少量
パルミジャーノ（削りおろし）　10g
E.V.オリーブオイル　適量

作り方

1 鍋にたっぷりのお湯と1%量の塩（ともに材料外）を入れて火にかけ、沸いたらパスタを入れて10分間ゆでる。

2 フライパンに自家製ジェノベーゼペーストと生クリームを入れておく。パスタがゆで上がる1分前になったらゆで汁を20g程度加え、ゴムベラで混ぜ合わせる。この時点ではまだ火はつけない。

POINT

この時点でソースが重く感じたら、パスタのゆで汁を加えてのばす。

3 パスタがゆで上がったら、ザルなどに上げてから **2** のフライパンに移し、火をつける。味を見て、必要であれば塩を加える。フライパンをあおって全体を混ぜ合わせ、パルミジャーノとE.V.オリーブオイルを加え混ぜて火を止める。

4 全体がよく合わさったら器に盛りつけて完成！

鮮やかなグリーンを作る秘訣は、
自家製ペーストと
加熱のタイミング！

くすみの一切ない、鮮やかなグリーン一色のジェノベーゼパスタ。ベースとなる自家製のジェノ
ベーゼペーストにほうれん草を加えること、そしてパスタがゆで上がるまでソースに火を入れない
ことが、この色を作る秘訣。フレッシュな香りとコクがクセになる一品です。

冷製トマトパスタ

材料（2人前）

パスタ（フェデリーニ1.4mm）60g
ミニトマト　5個
塩　ひとつまみ
自家製冷製トマトピュレ（126頁）　40g
E.V.オリーブオイル　適量

作り方

1 ミニトマトを1/4にカットする。ホワイトバルサミコ酢やE.V.オリーブオイル、塩（いずれも材料外）などで和えて味をつけておく。

2 鍋にたっぷりのお湯と1%量の塩（ともに材料外）を入れて火にかけ、沸いたらパスタを入れて6分間ゆでる。

3 ボウルにたっぷりの水と氷（ともに材料外）を入れ、塩を加え混ぜる。

4 パスタがゆで上がったら、ザルなどに上げてから**3**のボウルに移して急冷する。パスタが冷えたら再度ザルに上げて水気を切る。

5 **4**のパスタを別のボウルに移し、自家製冷製トマトピュレを加える。ボウルごと**4**の氷水のボウルの中に入れ、急冷しながらかき混ぜる。E.V.オリーブオイルを加え混ぜ、味を見て必要であれば塩や、お好みでハチミツ（材料外）を加えてもよい。

6 全体がよく合わさったら器に盛りつけ、**1**のミニトマトをトッピングして完成!

\ POINT /

パスタを締める氷水に塩を入れておくことで、塩味をまとわせる。

\ POINT /

氷水の入ったボウルにボウルを重ねて混ぜ、急冷しながら味を含ませる。

2つのポイントを押さえれば、本格的な冷製パスタがご家庭で簡単に！

トマトの甘みと酸味を味わう、さわやかな冷製パスタ。調理のポイントは2つ。氷水で急冷するため、硬く締まることを見越して通常のゆで時間より1分長めにゆでること、水に浸けると塩味が落ちるため、氷水に塩を加えてゆで汁と同程度の塩分濃度にしておくことです。

甘エビと苺の冷製パスタ

材料（2人前）

パスタ（フェデリーニ1.4mm）60g
イチゴ　80g
ニンニク　1片
E.V.オリーブオイル　適量
アサリだし＊　100g
甘エビ　30g
自家製冷製トマトピュレ（126頁）　40g
塩　ひとつまみ

＊アサリだし　砂抜きしたアサリと、同量の水を鍋に入れて沸騰するまで火にかける。沸いたら
　アクを取り除き、アサリの殻が開いたら、味を見ながら好みの濃度まで煮詰めて火を止める

作り方

1 イチゴを縦にスライスにし、ホワイトバルサミコ酢やE.V.オリーブオイル、塩（いずれも材料外）などで和えて味をつけておく。ニンニクをごく薄くスライスする。

2 フライパンにE.V.オリーブオイルと**1**のニンニクを入れて火にかける。ニンニクがうっすら色づいたらアサリだしを加える。

3 鍋にたっぷりのお湯と1％量の塩（ともに材料外）を入れて火にかけ、沸いたらパスタを入れて6分間ゆでる。

4 氷水（材料外）を張ったボウルを用意し、その上にひとまわり小さなボウルを重ね、甘エビと自家製冷製トマトピュレを入れる。塩を加え、冷やしながら混ぜ合わせる。

5 パスタがゆで上がったら、ザルなどに上げてから**2**のフライパンに移す。アサリだしをパスタに吸わせるように、かき混ぜながら加熱する。汁気がなくなってきたら火を止め、フライパンの中身を**4**の内側のボウルの中へ移す。

6 パスタが冷えるまでよく混ぜる。全体がよく合わさったら器に盛りつけ、**1**のイチゴのスライスをパスタを囲むように盛りつけて完成！

\ POINT /

のちに冷やすため、オイルは香りのよいE.V.オリーブオイルを使う。

見栄え最高！でも見かけ倒しじゃない。
ここぞという日の勝負パスタに

僕のレストラン「sio」でも実際にお出ししているメニューの一つ。一見変わった組み合わせのようですが、イチゴと甘エビを自家製の冷製トマトピュレの甘みや酸味、旨みがつなげてくれます。ここぞ、という日の勝負パスタにぜひ作ってみてください。

自家製冷製トマトピュレ

冷製パスタのベースに使える、
めちゃくちゃ万能なトマトピュレ！

冷製パスタのベースに使える、トマトピュレ。トマトの主張が強すぎないため、トマトソースパスタでなくても、少量からめるだけで甘みや旨みの補強に使えます。パスタ以外にも、サラダのドレッシングとして、またお肉や魚のソースとしても使える、万能選手です。

材料（3人前）

フルーツトマト　3個
ピュアオリーブオイル　10g
ニンニク　1片
ハチミツ　適量

作り方

1 フルーツトマトのヘタをくり抜き、へそに十字の切り込みを入れる。熱湯にくぐらせた後、氷水に落として湯むきする。横に半割にし、種とゼリー状になっている部分をすべて取り除く。果肉を適当な大きさにカットする。

2 小鍋に細かいみじん切りにしたニンニクとピュアオリーブオイルを合わせ、火にかける。ニンニクの香りが立ってきたら、1のトマトの果肉を加えて炒め、塩（材料外）を少量加える。

3 果肉が煮崩れてきたらハチミツを加え混ぜ、さらに炒める。

4 トマトから水分が出て、果肉が完全に煮崩れて柔らかくなったら火を止める。耐熱容器に移してハンドミキサーで撹拌し、果肉を崩してなめらかな状態にする。

5 氷水（材料外）を張ったボウルにさらに別のボウルを重ね、4のピュレを移す。急冷しながらゴムベラなどで混ぜ合わせて完成！　密閉できる保存容器に入れて、冷蔵で5日間保存可能。

＼ POINT ／

トマトから水分が出て、果肉の形がほとんど見えなくなってくる。

＼ POINT ／

撹拌すると、空気が入ることでピュレの色はやや白っぽくなる。

ヘトヘトの日も、

ペコペコの日も。

鳥羽周作

sio株式会社 代表取締役

Jリーグの練習生、小学校の教員を経て、31歳で料理の
世界へ。2018年「sio」を東京・代々木上原にオープンし、
ミシュランガイド東京2020より5年連続で掲載。現在
「sio」の他「Hotel's」「o/sio」「FAMiRES」「おいしいパ
スタ」など複数の外食店を1都1府3県に展開する。書籍、
YouTube、SNSなどで公開するレシピやフードプロデュース
など、レストランの枠を超えてさまざまな手段で「おいしい」
を届けている。モットーは「幸せの分母を増やす」。

帰ってきたら すぐに作れる、食べられる

おかえり！パスタ

2024年7月30日　初版発行

著者　　　　　　　鳥羽周作

発行者　　　　　　菅沼博道
発行所　　　　　　株式会社CCCメディアハウス
　　　　　　　　　〒141-8205　東京都品川区上大崎3丁目1番1号
　　　　　　　　　電話 販売 049-293-9553　編集 03-5436-5735
　　　　　　　　　http://books.cccmh.co.jp

装幀・本文デザイン　青木宏之(Mag)
撮影　　　　　　　　宮本信義、天方晴子
DTP　　　　　　　　茂呂田 剛 (有限会社エムアンドケイ)
校正　　　　　　　　株式会社文字工房燦光
印刷・製本　　　　　TOPPANクロレ株式会社